调动员工积极性的七个关键

稻盛和夫经营问答

[日] 稻盛和夫 著
曹岫云 译

従業員をやる気にさせる7つのカギ
稲盛和夫の経営問答

机械工业出版社
CHINA MACHINE PRESS

图书在版编目（CIP）数据

调动员工积极性的七个关键：稻盛和夫经营问答 /（日）稻盛和夫著；曹岫云译．—北京：机械工业出版社，2015.1（2025.11 重印）

ISBN 978-7-111-48914-6

I. 调… II. ① 稻… ② 曹… III. 企业管理－人事管理－激励－问题解答 IV. F272.92-44

中国版本图书馆 CIP 数据核字（2014）第 300727 号

北京市版权局著作权合同登记　图字：01-2014-7537 号。

INAMORI KAZUO NO KEIEI MONDO JUGYOIN WO YARUKINI SASERU 7TSU NO KAGI
By KAZUO INAMORI
Copyright © 2014 KAZUO INAMORI.
All rights reserved.
Original Japanese edition published by Nikkei Publishing, Inc., Japan.
Chinese translation rights in simple characters arranged with Nikkei Publishing, Inc., Japan through Bardon-Chinese Media Agency, Taipei.
Simplified Chinese Translation Copyright © 2015 by China Machine Press.
No part of this book may be reproduced or transmitted in any form or by any means, electronic or mechanical, including photocopying, recording or any information storage and retrieval system, without permission, in writing, from the publisher.

本书中文简体字版由 Nikkei Publishing, Inc. 通过 Bardon-Chinese Media Agency 授权机械工业出版社在中国大陆地区（不包括香港、澳门特别行政区及台湾地区）销售。未经出版者书面许可，不得以任何方式抄袭、复制或节录本书中的任何部分。

调动员工积极性的七个关键：稻盛和夫经营问答

出版发行：机械工业出版社（北京市西城区百万庄大街 22 号　邮政编码：100037）
责任编辑：王金强
责任校对：殷　虹
印　　刷：三河市宏达印刷有限公司
版　　次：2025 年 11 月第 1 版第 33 次印刷
开　　本：147mm × 210mm　1/32
印　　张：7
书　　号：ISBN 978-7-111-48914-6
定　　价：59.00 元

客服电话：(010) 88361066　68326294

版权所有·侵权必究
封底无防伪标均为盗版

前　言

　　一个组织的命运由这个组织的领导者决定。企业的领导者对众多员工的生活负有责任，领导者必须自觉地意识到这种使命的重要性，将员工们的心凝聚起来，带领团队朝前奋进。

　　通过日本航空公司（简称日航）的重建，我再次认识到这一条有多么重要。2010年2月，当我就任日航会长时，我首先感觉到的，就是日航受国家保护的那种"铁饭碗"的企业体制，在日航总部与各个工作现场之间，完全缺乏"一体感"，缺乏彼此间的理解和配合。

　　因此，我上任以后，很快就到各个现场：航运、空乘以及飞机的维护保养等部门，向他们讲述每一位员工都必须具备的基本思维方式和工作态度。同时，为了提升刚刚破产的日航员工们低落的士气，我还向他们讲述了各个部门的工作意义。

　　接着，我们制定了日航集团的经营理念，把公司的经营目的确定为"追求全体员工物质与精神两方面幸福"。然后，又制定了"日航哲学"，作为整个公司共同的行动指针。为了让全体员工都掌握日航哲学，我利用一切机会，竭尽全力展开教育活动。

通过这样的意识改革，员工们都自发地行动起来，决定要用自己的双手重建日航。其结果，日航脱胎换骨了：改革了官僚主义的体制；改变了所谓"文书主义"的刻板的服务态度；全体员工都具备了经营者意识，都主动地参与到企业经营中来。

日航的经营业绩迅速好转，在宣布破产后仅仅两年八个月就重新上市，同时成为全世界航空行业中屈指可数的高收益企业。由此可见，只要领导者和员工齐心协力，任何企业都可以获得重生。

在泡沫经济破灭后，日本经济长期持续低迷，原因并不是日本缺乏技术或者资金不足，日本拥有许多优秀的人才，而且他们都很勤奋；许多日本企业都有卓越的技术。可惜的是：企业领导者没有将企业具备的力量充分地引发出来。就是说，将组织引向正确的方向，让员工以同自己一样的心态投入工作，这种领导能力不够，领导作用没有发挥。

顺应中小企业年轻经营者们的强烈要求，我于1983年创建了"盛和塾"，是学习企业经营的"塾"。

"盛和塾"现在已经有塾生9 000名，日本国内外有分塾71家。在盛和塾里，我不但讲解经营哲学——那是企业经营的基础，而且进行"经营问答"，就是针对塾生们当前面临的经营上的问题，提出我的意见和建议。

其中，众多塾生感到烦恼的问题就是如何引导团队正确前行。

本书就是"经营问答"的汇总。

日本经济新闻出版社提出要求出版这本书，他们认为本书不仅对盛和塾的塾生，而且对直面同样问题、感觉同样烦恼的人，都有参考的作用。有关经营问答的书籍我已经出版了两本，即《创造高收益》和《活用人才》。这是第三本。

本书第1章"回归经营的原点"，回归经营的原点是经营者的本分和义务。所谓经营的原点，就是"调动员工积极性的方法"，我论述了自己的观点。这是让企业发展壮大的第一步，也是企业经营永恒的课题。作为企业领导者调动员工积极性的具体方法，我从七个方面做了阐述。

接下来的第 2 ~ 6 章，是从许多次的经营问答，或者是在恳亲会中塾生提问和我的解答中挑选出来的有代表性的问答，都是在各种各样的经营环境中，领导者引领团队的指针，都是针对具体问题的问答。

在本书出版之际，我要向日本经济新闻出版社的伊藤公一先生表示感谢。还要向在盛和塾参与经营问答的塾生们，向平日里支持盛和塾活动的各位朋友，向盛和塾事务局诸桥贤二局长和宫田昇，以及京瓷公司常务董事大田嘉仁、秘书室经营研究部木谷重幸、岩友彦表示感谢。

通过本书的出版，我衷心祈愿有更多的人理解真正的领导力是什么，并掌握正确的领导方式，把组织搞活，引导团队成长发展，推动低迷的日本经济恢复生机。

目　录

前言

第1章　回归经营的原点
调动员工积极性的七个关键 // 001

调动员工的积极性是企业经营无法回避的问题，经营者再努力，其个人精力也是有限的。如果希望公司持续发展壮大，必须激发调动所有员工内在的积极性，共同努力，拼搏进取。

把员工当作经营伙伴　// 002
让员工爱戴你、迷恋你　// 005
阐述工作的意义　// 009
揭示高目标　// 012
明确企业的使命　// 016
不断讲述哲学　// 027
提升自己的心性　// 031

第2章　培养经营者意识 // 039

必须让员工具备与经营者相同的责任感，让他们自己思考、自己实践，对自己的绩效负责，进而对公司负责。在调动员工积极性的过程中，应注重数字管理、核算等方法的运用。

  怎样才能让员工具备经营者意识　// 040
  怎样才能使数字管理在意识改革中发挥作用　// 052
  怎样将哲学渗透到各层领导中去　// 067

第3章　具备前瞻性，磨炼发挥强项 // 073

  愿景引导个人的努力方向，如要调动员工的积极性，必须使其看清公司的前进方向和目标，激发他们从不同的方向努力，众志成城，不断创新。

  如何应对可能发生的环境变化　// 074
  目标是发展现有事业，还是开辟新事业　// 076
  在主业不景气时，如何开启新事业　// 092
  在饱和市场中如何生存　// 108

第4章　贯彻理念 // 115

  调动员工积极性的时候，经营者要积极贯彻一些理念，在面对危机、制订计划、进行创新的时候，都要保护员工，为他们着想。

  身处危机中经营者的心态和行动指针　// 116
  决心裁员对吗　// 127
  没有利润也该付奖金吗　// 135

第5章 培育后人，继往开来 // 139

经营者必须注重培养组织里的人才，用经营哲学帮助员工成长，对各种经营数字要敏感，必须持续努力。

怎样培育接班人 // 140
对上市抱持什么态度 // 150
用分公司的方式能提高员工的积极性吗 // 162

第6章 提升自己，贯彻正义 // 177

组织必须具备正确的理念，正确的理念是调动员工积极性的关键。理念必须利他，让员工的物质和精神两个方面都得到满足。贯彻理念，凝聚人心。

企业的经营理念 // 178
与对手竞争时，如何贯彻理念 // 191
如何确立领导者的伦理观 // 199

盛和塾 // 208

第 1 章

回归经营的原点：
调动员工积极性的七个关键

调动员工的积极性是企业经营无法回避的问题，经营者再努力，其个人精力也是有限的。如果希望公司持续发展壮大，必须激发调动所有员工内在的积极性，共同努力，拼搏进取。

调动员工积极性的
七个关键

如何调动员工的积极性是企业经营中的一个重要问题。不管经营者个人多么努力,他能做的事情总有限度,想让公司发展,就需要志同道合的员工一起努力工作。只有员工具备主人翁意识,把公司当成自己的公司拼命工作,企业才能发展壮大。

这就是企业经营的原点。

如果想把企业做得更大,就要回归到这个原点,清楚地认识这一条。

同样,如果你是想创办一个小企业,并想让它发展成长,那么这个原点你也必须思考清楚。

把员工当作经营伙伴

企业经营最初级的形态,就是经营者自己单枪匹马,或者与夫人一起创业,开个家庭作坊或个体商店。但是靠这种形式,不管个人多么勤奋,也很难有余力来拓展经营。想要扩大事业规模,就不能不雇用员工。

哪怕是招聘一两名员工，与他们一起工作，谋求企业的成长发展。这时候，作为雇主，经营者应该与员工建立怎样的关系呢？

比如，在聘用员工时，作为雇主，经营者会开出条件，比如月薪是多少。应聘者如果接受，就会同意在这种条件下提供自己的劳动力。但是，这不过是由签订雇佣合同形成的一种买卖性的劳资关系。但是，经营者所需要的是能与自己同心同德、同甘共苦的"伙伴"——分担经营责任的"共同经营者"。要以这样的心态将员工迎入公司。特别是小企业，没有可以依靠的人，只能将仅有的员工当作伙伴，让他们与自己想法一致，努力工作，支撑事业的发展。

因此，不管员工是一名也好两名也好，从录用那一刻起，就要把他当作共同经营的伙伴迎入公司。并对他说："我就依靠你了！"而且平时就要用这种诚恳的态度对待他们。

这么做的话，员工会小看我吧！无意间我们常会这么去想。但这种想法是不对的。从正面对员工直言相告："我要依靠你。"这样一种态度才是构筑公司内部正确的人际关系的第一步。

"各位员工，让我们齐心协力把公司发展起来，请大家从各个方面来帮助我。我把大家当兄弟，当父子，与大家一起工作。"这些话必须当面对员工讲清楚。

"我要依靠你"，讲这一句话，接着，经营者把员工当作共同经营的伙伴。只要这么做，就能够点燃员工的热情。

我在创立京瓷（京瓷株式会社）后不久，就利用各种机会，敞开胸怀，积极地向员工们讲述自己的想法，讲述公司将如何发展。我这么做，就是因为我把员工当作了共同经营的伙伴。既然是我的经营伙伴，就必须让他们理解我的想法。

"这样的社长，我甘愿追随。虽然公司的待遇并不高，但这个人我跟定了，我愿意一辈子跟他走"。为了让员工们萌生这样的心意，为了在企业里构建如此牢固的人际关系,我殚精竭虑,拼命努力。

正因为我把员工当伙伴,员工们才会认真地、用心地倾听我的讲话。打开胸怀,建立心心相通的关系,这就是点燃员工热情的第一步。

让员工爱戴你、迷恋你

但是,尽管我们努力去构筑这样的关系,有时,我信任的员工仍然会辞职离去。这是最让经营者感觉悲哀的事。发生这样的事,甚至会让社长产生自我否定的感觉。

"这个人是可用之才!"正当你信任他、期待他,并委以重任的时候,他却轻易地辞职而去了。"这家伙大有可望,今后或许能成为公司的台柱"。当你看重他,目光注视他的时候,他却瞧不起公司,嫌弃而去。对于每天全力以赴、认真工作的经营者而言,这是最寂寞、最苦闷、最无奈的事了。

> 调动员工积极性的
> 七个关键

为了不发生这种令人痛苦的事,与他们建立发自内心的、令人感动的、心心相连的人际关系,经营者一定要千方百计、努力再努力。

在很久以前,当KDDI成立5周年时,有这么一件事。

当时有几位从KDDI退休的经营干部相约,招待我们夫妇俩一起外出旅行。他们在京瓷幼小时期就进了公司,勤奋工作,后来又被派到KDDI。对京瓷和KDDI的发展都是有功之人。

行程安排打高尔夫球,在旅馆住一宿,晚上举办谢恩会。我接受邀请,大家一边喝酒,一边推心置腹,深入交谈。我说道:

"当初的京瓷只是京都的一家小企业,毫无名气。那时的大学毕业生是不肯进京瓷这种小型企业的,除非他们别无去处。但是你们却进来了。所谓'破锅配破盖',也算门当户对吧。当时聚集到京瓷门下的,都是资质平庸的人。就靠着大家拼命努力,才有了京瓷的今天。"

我说到这里，他们就说，当时亲戚朋友都着实为他们担心："什么京都陶瓷公司，从来没听说过。这公司可靠吗？还是找一家靠谱一点的企业吧。"

但是，接着他们却这么说："不错，我们对未来很担忧，但在见到稻盛以后，心里就冒出一个念头：如果是这个人的话，我们甘愿追随，无怨无悔。就凭这一信念，我们一直努力奋斗，直到现在。我今年已经65岁了，和老婆孩子过得悠然自得，感觉很幸福。正因为遇到了你，才有了我的今天。大家都为在京瓷度过的这段人生由衷地高兴。"在京瓷上市前，我把京瓷的股票按面额分给他们。一旦变现后，他们都成了中产阶级。

可我说："其实，了不起的是你们。来到京瓷这个破公司，信任我这个没有经营经验、没有工作业绩、才30岁出头的青年，任劳任怨，心无旁骛，一直跟随我，才有了今天。这不是我给的恩赐，是你们自己奋斗的结果。"

调动员工积极性的
七个关键

于是，他们这么说："不！我们真的很幸运。当时，我们有些同学进了好公司，一时很得意，神气活现的，可如今好比落败的公鸡，蛮可怜的。一开同学会，他们就很羡慕：'你这家伙运气好！运气好！'无论碰到谁，都赞叹我们人生幸福。从年轻时开始，一味相信稻盛，跟着稻盛打拼，才有了我们今天的幸福生活。"

创业不久，进入还是小企业的京瓷，随即辞职的人很多。当时留下来，坚持到退休的这些人，前后经过40年，还特意为我开谢恩会，说这些情深意切的话。

作为经营者，就是要培育这样的员工。必须在公司内构建这样的人际关系。爱戴你这个社长，迷恋你，去哪里都愿追随你，要培养这样的员工，必须让他们获得幸福。这就是企业经营者的责任。

那么，要获得员工们的爱戴，该怎么做才好呢？很简单。如果你只爱自己，那么谁也不会爱你。忘却自我，乐于自我牺牲，优先考虑员工，只要你这么做，员工就会爱戴你。

在工作中必须比所有的员工更努力、更拼命,经营者要有这种工作态度。另外,下班以后,钱少点没关系,要自掏腰包来犒劳员工,主要是为了体现对部下的关爱体谅。用这样的自我牺牲来打动员工的心。首先,这是前提。

阐述工作的意义

当然,仅做这些还不够。在京瓷的创始期,我不仅在感情上打动员工的心,而且诉诸理性,努力用道理来说服员工,激发他们的积极性和主动性。

那就是讲述"工作的意义"。这对中小企业的员工而言,可以起到很大的激励作用。创业时期的京瓷就是这么做的。

现在的京瓷,是精密陶瓷行业首屈一指的企业,被称为拥有尖端技术的高科技企业。确实如此。但在精密陶瓷的制造现场,却与高科技的形象有落差。特别

调动员工积极性的
七个关键

是在京瓷创业初期,连厂房都是借来的老旧木房,根本感觉不到高新技术企业的氛围。

精密陶瓷所用原料是极细颗粒的金属氧化物,制造工序有原料的调配工序、用压机压制的成型工序,还有将烧结后的产品加工到符合尺寸精度的研削工序等,工作现场全是粉尘飞扬。

还有,将成型后的产品烧结的烧制工序,要用一千几百度的高温。当温度超过一千几百度时,火焰不是红色,而是一片白光,如果不戴作业专用的眼镜,连炉内也无法窥视。因为温度太高,在夏季,劳动环境异常恶劣。当时被称为"3K"工厂(苦、脏、危),一进车间马上就是满身粉尘满身汗。员工们一点也感觉不到这是高科技的活儿,体会不到工作的意义。

我最初工作的企业松风工业是一家制造绝缘瓷瓶的公司,当时进厂的一批人,后来同我一起创建了京瓷。当时我就觉得一定要想办法提高他们对工作的热情,提升并维持他们对工作的主动性、积极性。

为此，我采用的办法就是向他们讲述工作的意义。在晚间工作结束之后，我经常把他们召集在一起，讲下面一番话："大家日复一日，或揉粉、或成型、或烧制、或研削，或许大家觉得这是又单调又枯燥的工作。但决非如此。

"现在大家手头的研究，具有学术上的价值。无论是东京大学的教授、京都大学的教授，还是从事无机化学研究的专家们，至今没有一个人在着手进行这种氧化物烧结的实用性研究。我们现在是在研究最尖端的技术，我们的工作意义重大。

"还有，我们现在所做的课题，全世界也只有一两家公司在做，堪称全世界最先进的研究开发。这种研发一旦成功，我们的产品将被广泛使用，将对人们的生活做出巨大贡献。而这个社会意义重大的研发工作成功还是失败，完全取决于你们，取决于你们每天每日的工作。拜托你们了！"

如果只是简单地下指示："在乳钵中将这粉末和那

粉末研磨混合！"那么员工们产生不了任何工作热情。所以，我总是谆谆地告诉他们"混合粉末"这一行为中蕴含了多么重要的意义。

当时还是20世纪50年代中期，第二次世界大战刚过去10年。又逢经济萧条，日本还很穷困，找工作也很困难，高中毕业后，好歹进了公司，只要每个月能领到薪水就满足了。当时几乎所有的人都这么想。

但是，当他们发现了自己的工作中所包含的意义，他们就会热情高涨，最大限度地发挥出自身的潜力。我就是这么想的，所以在工作结束后，每天晚上我都把他们聚集起来，不厌其烦，向他们诉说工作的意义。

揭示高目标

向员工阐述工作的意义，加上我开始时讲的，乐于付出、自我牺牲，这两条发挥了很大的作用，员工们因此爱戴我这个经营者。在这基础之上，为了进一步提高员工的积极性，鼓足他们的干劲，我采取的措施就是揭示企业的愿景目标，也就是"Vision"。从京瓷还是中小企业的阶段开始，我就一直向员工们诉说自己的梦想。

"我们生产的特殊陶瓷，对于全世界电子产业的发展不可或缺，让我们向全世界供货吧！如果能做到这一点，那么，虽然起步时，我们是一个毫不起眼的街道工厂，但我想把它变为街道第一，就是原町第一的公司；成为街道第一后，就要成为中京区第一；成为中京区第一后，就要成为京都第一；成为京都第一后，就要成为日本第一；成为日本第一后，就要成为世界第一。"

京瓷在京都市中京区西面的京原町创立，所以先说"原町第一"。借他人厂房的一角，员工只有几十人，是年销售额不足1亿日元的小企业。从那时起，我就不断向员工们鼓吹"要立志成为日本第一、世界第一的企业"。

但是实际上，从最近的市营电车站到公司这一段短短的距离中，就有一家大型企业——京都机械工具公司。从早到晚，"当！当！"的压机声响个不停，一派生气蓬勃的景象。这家工厂生产维修汽车用的扳手、钳子等车载工具。而我们借人家的木结构仓库，跌跌撞撞，刚刚投产，不过是一个才起步的小企业。

因此，嘴上说要成为街道第一，但员工听的时候脸上的表情却是："要做到比上班路上的那家大型企业还要大，怎么可能呢？"就连说豪言壮语的我自己，当初脱口而出说这话的时候，也没相信真的能做到。

更不用说"中京区第一"。中京区有一家上市企业岛津制作所。这家企业是全世界分析仪器制造商中非常出名的公司。要成为中京区第一，就必须超越岛津制作所。这简直是根本不可能的事！

尽管如此，我依然不知疲倦地、不厌其烦地向员工们诉说梦想："要成为中京区第一，京都第一，日本第一，世界第一。"

于是，起初半信半疑的员工们不知从何时起就相信了我所诉说的梦想，并且为实现这一梦想齐心合力，努力奋斗。而我自己也逐渐将这一梦想变成了确实的目标。

其结果，京瓷在精密陶瓷领域超越了原本领先的巨型企业，成长为世界第一的公司。同时，展开了多项事业，成长为年销售额超过 10 000 亿日元的企业。

聚集在企业里的人们，是不是具备共同的梦想、共同的愿望，企业成长的能力将大相径庭。企业的全体员工共同拥有美好的愿景、远大的目标，大家都具备"非如此不可"的强烈愿望，那么，强大的意志的力量就能发挥出来，组织就会产生巨大的能量，朝着梦想实现的方向前进，超越一切障碍。

实现梦想、实现愿望的力量的源泉就是"愿景和目标"。"要把公司做成这种理想的模样！"描绘这样的愿景，与员工共同拥有这样的愿景，把他们的积极性最大限度地调动起来，就能获得推动企业发展的巨大力量。

明确企业的使命

再进一步,为了维持员工的热情,保持他们的积极性,让他们不动摇,不松劲,就需要"Mission",换句话说,就是明确公司的使命,并与全体员工共同拥有这一使命。

让我理解这个"Mission",也就是明白京瓷公司目的、使命的契机,就是公司设立后第三年发生的员工的反叛事件,当时京瓷还是一个很小的企业。

公司创立第二年录用的10余名员工,经过一年的工作磨炼,已经成了生力军。我查了当时的笔记,时间是创业后第三年的1961年4月29日,正好是昭和天皇的生日,属于节假日,但当天仍然加班。突然,这10余名员工来到了我的面前。

"奖金至少要多少,工资涨幅每年至少要多少,你要给我们承诺。进厂时,原以为是一家不错的公司,谁知道是个刚刚成立的、弱不禁风的小企业。我们心里非常不安。你作为经营者,要给我们一个保证,否则我们集体辞职,我们已经做好准备。"他们这样逼迫我。

我对他们说:"保证工资奖金的涨幅,作这样的承诺是不可能的。"我解释了当时公司的处境,现实的状况,但说服不了他们。谈了三天三夜,我还把他们带到了自己家里。最后我说:"虽然对将来的事情无法做出保证,但我一定会把企业办成让你们高兴的好公司。请你们相信我。"这样总算把事态平息了。

其实,京瓷创业之初,我把创业目的定位在:"让稻盛和夫的技术问世。"

而一部分员工却不认同,"工资怎么涨,奖金怎么加",他们来要求待遇上的保障。这让我愕然。

当时,我鹿儿岛的老家仍然十分贫困。我是家里七兄妹中的老二,父母兄弟节衣缩食,好不容易才让我上了大学。所以,我参加工作以后,多少也得给家里一点经济上的支持。实际上,虽然少得可怜,我还是每个月都给家里寄钱。

对家里的亲人尚且照顾不及,但那些与我无亲无故的旁人,却向我提出要保障他们现在乃至将来的生活。这让我感到困惑。

"早知如此,就不该创业,当个工薪族,进一家公司,把自己的技术发扬光大,那不是更好吗?"说实话,我当时真这么想。

然而,思考再思考,再三思考以后,我终于想明白了:让员工生活幸福,这才是企业存在的目的。于是,从"追求全体员工物质和精神两方面的幸福"开始,我一口气,马上定下了京瓷公司的经营理念。

当然,仅仅这一条还不够,作为社会的公器,企业还应该承担社会责任,所以,我又加上"为人类社会的进步发展做出贡献"这一条。于是我宣布,今后,京瓷把这个理念中倡导的这两条作为企业经营的目的。

京瓷的经营理念　在追求全体员工物质与精神两方面幸福的同时,为人类社会的进步发展做出贡献。

这一经营理念,对于激发员工的热情,调动员工的积极性,发挥了巨大的作用。如果把京瓷作为稻盛和夫技术问世的场所,我自己当然会意气风发,全力以赴投入研究,接连不断地开发出新的产品。但从员工的角度,他们一定会想:"让我们拼命工作,目的不过是推广稻盛和夫的技术,让稻盛和夫名扬天下。"

还有,即使公司发展顺利,员工们又会想,那不过是增加了稻盛和夫的个人资产。因此,如果企业的目的,仅仅归结到实现某个个人的私利私欲,那么,点燃员工的热情,调动员工的积极性是不可能的。

当初,在制定这一经营理念的时候,我还没有意识到这个理念中所蕴含的"大义名分"。但现在回头来看,在这个朴素的理念中包含着了不起的"大义"。

所谓"大义",在辞典中的定义是,"人应该奉行的重大的道义"。如果是这样,"大义"就必须是脱离"私"、追求"公"的行为。而"追求全体员工物质与精神两方面幸福"这样的企业目的,就超越了经营者个人

> 调动员工积极性的
> 七个关键

的私利私欲,为了员工,这就体现了"公",这正是"大义"之所在。"大义"这个东西具有鼓动人心的巨大的力量。

这一理念构筑了京瓷企业文化的基础,造就了今日的京瓷。具备全体员工能够共有的、可以提升员工士气、调动员工积极性的、光明正大的企业目的(Mission),这是企业经营中最重要的事情。

企业目的中有无大义:第二电电创建时的大义名分

第二电电(现KDDI)的创业成功,道理也一样。

当时,销售额不足2 000亿日元的京瓷向销售额超过40 000亿日元的巨型企业日本电电公社(现NTT)发起了挑战。第二电电成长发展为今天的KDDI,也是因为它的创业动机是建立在大义的基础之上。

当通信事业允许市场自由竞争时,我希望有日本的大企业组建新公司来对抗NTT,通过竞争降低通信费用。但因为畏惧庞然大物NTT,谁也不敢出面挑战。

这样下去，NTT将继续维持它的垄断地位，或者只会出现形式上的竞争企业。那么，当信息化社会到来的时候，因为通信费居高不下，日本必将落后于时代。对此我十分担忧。

在这种情况下，风险企业京瓷才举手报名，挑战NTT。创建第二电电，归根结底乃是出于"为国民降低通信费"这一纯粹的动机，就是说，出于大义名分才创立了第二电电这个企业。

因此，我召集第二电电的员工们，鼓励他们："让我们努力降低国民的通信费用。能够参与如此巨大的事业，我们的人生一定会变得更有意义。这是百年不遇的机会，在这项宏大的社会改革开始的瞬间，我们有幸亲临现场，我们应该表示感谢。让我们努力奋斗，成就这项伟大的事业吧！"

另一方面，在京瓷之后举手参与的国铁，他们认为："自己拥有铁路通信的技术，有通信方面的技术人员。同时，在东京、名古屋、大阪之间铺设通信干线，只要在新干线的侧沟中安放光缆就行。另外,与国铁有交易的企业很多,以他们为中心,很容易获得大批的顾客。与以京瓷为主体的第二电电相比,在所有的方面他们都具备优势。"于是他们设立了日本 Telecom 公司。

还有,以日本道路公团以及丰田汽车为主体的日本高速通信公司也应运而生。旧建设厅是他们的后盾,他们也可以沿着东京、名古屋、大阪之间的高速公路铺设光缆,简单地完成基础设施,而丰田具备强大的销售能力。

这三家公司在市场上展开了激烈的竞争。结果,国铁 JR 卖掉了日本 Telecom,而道路公团和丰田创建的日本高速通信,被现在的 KDDI 合并收购了。

如今,在新电电的三家公司中,只剩下了从第二电电发展而来的 KDDI,它已经成长为综合电子通信运营商。

又有技术、又有资金、又有信用,一切条件全都齐备的企业失败了；而只具备大义名分，没有资金、没有技术，什么都没有的第二电电却成功了。我认为，这件事情证明了一条道理：确立具备大义名分的企业目的，对于推进事业而言有多么重要。

太阳能发电事业的大义名分

京瓷长期以来从事的太阳能事业也是一样。

现在日本开始实行电力全量收购制度，大规模太阳能发电站计划争先恐后涌现出来。经济产业省等部门又开始发放补助金，太阳能发电事业总算开始步入轨道，于是许多企业一哄而上，纷纷参与。

但是，在40年以前，京瓷历尽辛酸，作为全世界太阳能事业的先驱，就已经投入这一事业。当时，在日本有一个普及太阳能发电的团体，叫"太阳光发电协会"。我出任第一代会长，这个职务当了12年，为黎明时期太阳能电池的普及付出了努力。

在日本太阳光发电协会成立20周年的纪念庆典上，

> 调动员工积极性的
> **七个关键**

在行业同仁、专家学者面前，我围绕以下的宗旨说道：

"现在，随着时代潮流的变化，太阳能发电事业获得了长足的发展，这是可喜的事情。但如果只靠赶潮流来开展事业，不可能持久。为什么要开展太阳能发电事业？具备大义名分是非常重要的。"

所谓太阳能发电事业的大义名分，就是要为解决能源问题和地球环境问题做出贡献。

在不久的将来，地球上的石油和天然气的资源将会枯竭。同时不削减石化燃料的使用量，不降低温室气体的排放量，就无法阻止地球暖化的趋势。

就是说，为了确保人类所必需的能源，保护重要的地球环境，谋求人类的可持续发展，我们京瓷才历时多年，悉心培育太阳能发电事业，正因为有这样的大义名分，我们才能在连年赤字的状况下，始终不离不弃，以执着的信念和坚强的意志不断推进这一事业。直到近年来，太阳能发电才终于迎来了开花期。

所有事业都要揭示大义名分

在京瓷的干部们汇聚一堂的会场上,我曾经讲过:"京瓷所有的部门都应该揭示自己部门的大义名分。"

京瓷这个企业,刚才讲到,有大义名分,有"追求全体员工物质与精神两方面幸福"的经营理念。同样,"在座的各位干部,你们在各自负责的事业部门也应该树立大义名分。这样的话,你们的部下就会觉得'为了实现如此崇高的目的,为了这项事业的发展,我们愿意粉身碎骨'。他们就会发挥自己的积极性和创造性,主动把事情办好"。

另外,在京瓷每个月召开的业绩报告会上,根据阿米巴经营,要算出每个人每小时产生的附加价值。在会上,看着"单位时间核算表",我有时会进行严厉的批评:"本月的单位时间附加值不好啊!你们到底干了什么?"但仅仅这样去追究责任,大家都不会从内心想要去提升业绩,从结果来说业绩也难以提高。

调动员工积极性的
七个关键

这时候,揭示和阐述大义名分就很重要。比如这么说,结果就会完全不同。

"这个事业具有大义名分,所以投了资,想要为社会做贡献。但这么差的业绩,不可能让事业发展,也不可能对社会做出贡献。要彻底查明亏损的原因,尽快想办法扭亏为盈。"

这个问题对于子承父业的中小企业来说也特别重要。这样的中小企业的经营者需要进一步明确事业的意义。

对于从父亲、叔父那里继承了事业的中小企业的经营者,我往往会直言不讳:"你不过是作为社长的儿子继承了父亲的事业,你果真具备了当社长的资格吗?"在小企业里面,不喜欢父辈事业的人格外的多。10人中有9人讨厌家业,"父亲经营的地方上的那个微不足道的企业,我可不愿继承,我希望在大都市的大企业里工作,希望活跃在世界各地"。这是绝大多数人的想法。

当初看不起父亲的企业，但到了40岁左右，看出自己在大企业里混不出什么名堂，回自家的企业当社长或许也是一个不错的选择，于是就回来了。

但是，这种连规矩都不懂的人，怎么能当好社长呢？许多从父亲时代开始就在企业里干活的老员工，他们会想："没有能力的儿子当上了社长，拿着高工资，端着臭架子。在这样的公司里，谁愿意拼命工作呢？"

因此，当上社长后应该为员工做些什么？究竟以什么目的来经营企业？确立经营企业的大义名分非常重要。意识到经营理念的重要性，尽力与员工们共有这个理念，公司的气氛就会焕然一新。

不断讲述哲学

为此，经营者不仅自己要学习哲学，而且要给员工们讲述哲学，要做出努力，让哲学为公司内的员工们共有。

调动员工积极性的
七个关键

1982年度京瓷经营方针发表会上,稻盛在讲述自己的想法,当时他是社长(右端)。

第1章 回归经营的原点：调动员工积极性的七个关键

为了实现崇高的企业目的,我准备以这样的思维方式、以这样的哲学来经营企业,必须在公司内讲这样的话,哲学必须与员工共有。就是说,为了能与员工心心相通,在确立了企业的"愿景目标"、"目的使命"之后,接下来经营者需要做的,就是讲述自己的哲学,与员工们共有这种哲学。

"人为什么而活,为什么而工作,我对人生是这么思考的,我打算这样度过自己的人生,我希望与大家一起以这样的态度来度过人生"。要给员工们讲这些道理。

经营者的这种人生哲学,在讲述企业的目的、使命的时候,必须自然而然地表达出来。具备这种思想哲学的社长会受到员工们的尊敬。如果员工们都心甘情愿与社长一起为企业的发展尽力,那么这样的企业就会成为非常了不起的企业。

在日本的大企业里,首先,没有企业领导者会讲述自己的哲学吧。但是,"仅有一次的宝贵的人生,我们究竟应该怎么度过？"这样的话题，自从创业以来，我一直向员工们诉说。

这就是"京瓷哲学"。京瓷哲学渗透到了员工们的血肉中，激发了他们的干劲，提升了他们的积极性。

经营者重视哲学的企业会发展壮大。正确的哲学在员工中渗透的程度与企业业绩的增长，呈现正比例的关系。

提升自己的心性

也许有这样的人，他们认为"自己素养不够，更没读过宗教或哲学方面的书籍，所以会从京瓷哲学中直接挑选出一些话，原封不动地讲给员工们听"。

我认为，这么做也行。我过去也是这么做的。我也曾借用过松下幸之助先生、中村天风先生、安冈正笃的话。开始时是借用之物，但在反复讲述、反复应用的过程中，这些思想就变成了自己的东西。

调动员工积极性的
七个关键

但是，为了做到这一点，需要充分注意的是，经营者自己不能怠慢，必须努力提升自身的心性。

企业还在幼小的时候，经营者的心胸器量小一点还不是问题。但经营者不进步，企业就不能发展。经营者一定要学习正确的哲学，努力拓展自己的器量。

经营者的器量扩大了，企业就一定能发展壮大。"提高心性，拓展经营"，这就是企业经营的真谛。

调动员工的积极性

归纳一下，调动员工积极性的关键：首先要把员工当作经营伙伴迎入公司；要让员工从内心爱戴你、迷恋你；要阐述工作的意义；要树立高目标；要确立具备大义名分的企业使命；要不断讲述哲学；以及经营者要提升自己的心性。

我认为，所谓企业经营，首先就是彻底实行上述七条，让员工产生共鸣、让员工赞同，激发他们的热情，提升他们的积极性。除此之外，别无他法。

当然因为要经营企业，构筑销售和物流的体制，构建管理会计和财务系统等，完善具体的经营手法、手段，不用说都是必要的。但这些只要在专家指导下，逐步实施就行了。

小企业刚刚创办的时候，或者小企业难于长大的时候，首先，关键就是把仅有的几位员工的积极性最大限度地调动起来。为此，刚才讲的那七条，经营者一定要努力去做。如果能这么做，企业就一定能发展起来。

其实，上述七个关键，与企业的大小无关。我参与的日本航空的重建就是这样。日航破产后留下了32 000名员工，我认为，必须把他们的心凝聚起来，用相同的思维方式，统一他们对工作的态度。所以，首先我对他们进行了彻底的哲学教育，促进了他们思想意识的改变。仅靠这一条，就让日航的业绩得到了V字形的恢复。

做到这一点，无非是员工的思想意识发生变化，积极性、主动性提高的结果。致力于意识改革和哲学共有,员工提高了自身的积极性,主动思考问题,主动参与经营,这就是日本航空重建成功的最大原因。

意识改革促成了日航的重生

我接受日本政府和企业再生支援机构的邀请,于2010年2月就任破产重建的日航的会长。当我正式上任后,我就感觉到破产企业之所以破产绝不是偶然的,企业的氛围和员工的意识都存在问题,这样下去后果不堪设想。为了重建日航该如何做才好,我当时非常苦恼。

当决定由我出任日航会长以后,许多人都说:"让一位近80岁的老人去搞航空运输事业、重建那么困难的日航,太失策了,简直是乱弹琴!重建根本谈不上,二次破坏必至!"

确实,我去日航时一无所有。我虽然赤手空拳从零开始创建了京瓷,后来又创建了通信企业第二电电(现KDDI),但对于航空事业,我完全是门外汉,我只有两件武器，一是经营哲学"京瓷哲学"，二是管理会计手法"阿米巴经营"，也就是分部门核算的制度。

我想，首先需要改变员工们的意识。先是要求以社长为首的干部们以京瓷哲学为蓝本开展学习。我说："如果你们学了以后感觉这种哲学思想不错，应该与广大员工们共有，那么就可以根据日航的实际情况作若干修改，编制一本'日航哲学'，然后决定以这样的思想哲学去经营日航。"

从那以后，日航的干部们花了好几个月，每天晚上开会讨论到很晚，学习"京瓷哲学"，经过若干修改，编制了适合航空运输事业的"日航哲学"。

但是，因为日航的干部都是一流大学毕业的所谓精英，开始的时候，他们对哲学中所表述的朴实的道德观很不理解。其中有的干部甚至态度抵触，说什么"我们又不是小孩，好歹也都是一流大学出身，而且都过了50岁，对我们讲这些幼稚的道理有什么意义？"

遇到这样的干部，我就会毫不客气地斥责他们：

调动员工积极性的
七个关键

"你们都跟我的孩子年龄差不多,所以,我今天不是作为会长,而是作为你们的家长对你们说话,希望你们听好了。你们或许头脑都很聪明,但对做人最基本的思想哲学却不能理解。这样的话,你们怎么可能去指导32 000名留任的日航员工呢。如果这里有对哲学不能接受、心怀反感的人,那就请你们赶快辞职,因为靠这样的人根本无法重建日航。"

我甚至光火发怒,将湿毛巾扔到这种干部的脸上。

我如此认真地、拼命地诉说哲学,在这过程中,有一两个人开始反省:"果然不错,正如会长所说,我们走出学校,知识或许不少,但对这么浅显的道理却没能理解,作为一个人来说,真的感到羞愧。"

于是,涟漪迅速扩展,反省的声音传递到其他干部:"光我们学习还不够,要把自己学到的东西带回本部门,与部下分享,大家共有哲学。"

与此同时,我还去到现场。机舱乘务员们每天都在世界各地的上空飞行,要把她们集于一堂不太可能,所以我就分几次给她们讲话。

"因为你们直接面对客人,所以一切都取决于你们,我们经营班子的人不管多么努力,也无法抓住客人的心。要抓住客人的心,让客人喜欢日航,愿意搭乘日航的班机,就要看你们的态度和言辞,这是决定性的因素。只有你们在第一线的人真正关爱客人,让客人喜欢,日航才有可能重建。"

听到我如此诚恳的诉说,有的乘务员感动得流下了眼泪。

我还去到飞机维修保养的工场宣讲哲学:

"维护保养的工作不到位,飞机就不能安全飞行。你们每天每日、沾满油污、辛苦劳作。没有你们细心地维护保养,就谈不上飞机的安全航行。你们在不为人知的地方拼命工作,我向你们表示衷心的感谢。同时,希望你们掌握优秀的哲学和正确的道德观,当好无名英雄,把工作做得更加出色。"

还有,不管酷暑还是严寒,负责装卸客人行李的飞机搬运工，还有制作飞机内餐饮的人，等等，我都到他们所在的各个部门去宣讲哲学。

当大家对哲学开始产生共鸣时，企业的业绩也随之扶摇直上。就是说，员工们的意识变了，心变了，公司就变了。在两年八个月的日航重建中，我对此有深切的感受。

日航奇迹般地 V 字形恢复，短期内重新上市。我想，从这个实例当中，大家可以明白，抓住员工们的心，改变员工们的思想意识，对于企业经营而言是何等重要。

只要实践上述七个关键，改变员工们的意识，激发他们的积极性，公司就能够获得重生。

第 2 章

培养经营者意识

必须让员工具备与经营者相同的责任感,让他们自己思考、自己实践,对自己的绩效负责,进而对公司负责。在调动员工积极性的过程中,应注重数字管理、核算等方法的运用。

调动员工积极性的
七个关键

怎样才能让员工具备经营者意识

因各地区需求不同,所以采用分店形式

我们公司制造、销售用于道路建设的混凝土。销售额的 90% 以上要依靠公共事业。随着公共需求的减少,这五年来公司的业绩一直处于低迷状态。销售额降低;同时,因为同行业之间的过度竞争,又导致价格下降;而钢筋等原材料却涨价,所以经营非常艰难。

即使是行业中最优秀的企业,利润率也跌到了 3% 以下。而行业中一大半企业都出现了亏损。可以说,这是一个典型的结构性萧条的行业。

我父亲是公司的创业者,现任会长。他是一个典型的所谓"独裁经营者"。这几年来,我们逐步放权,要求各部门负责人、也就是各分店店长具备经营者意识,委托他们来经营各个分店。

公司内部的组织形式采用分店制,各个分店都登记

为独立法人,各分店长由公司董事兼任,负责各店的经营。因为混凝土制品分量重,运输成本高,所以在各个县的区域内流通比较理想。另外,各个地区在客户需求以及商流方面也有差异,所以采取了分店制这一组织形式。

一年的工作流程是这样的:作为社长,我首先提出年度的基本方针。依据这一方针,各分店长再制订各自的年度计划,各分店长制订年度的利润表以及人员计划、投资计划、培训计划等。而各分店内的销售科长和工场长再制订各自部门的计划。各分店长根据这些制订好的计划展开经营活动。

各个法人(分店)的法人代表是我,所以我要负最终的经营责任。但不仅日常业务,而且包括人事在内所有的事情,都由各分店长决定并执行。

提不出建设性的意见

我现在感到烦恼的是:如何重新修订整个公司的制

度，以及如何加强公司的组织建设。

比如有的分店长提出："评价制度应该更好地反映现场的情况，给刻苦耐劳的员工更好的报酬。""我们分店的C君比A店的B君工作更出色，但评价结果却相反。评价方法不对啊！"

加薪及发奖金都依据评价的结果，但评价又不能像用尺子量物体的长短那样精确，某种程度上包含着暧昧的因素。我认为，这不只是制度的问题。而当我提出改进方案时，又有人提出否定意见。但究竟怎么做才好，他们也提不出具体的办法。最后就说："想说的我们都已经说了，最后还是你社长决定吧！"

在今年的方针中，我提出了"分店长应有的形象"。其中有这样的语句，"分店内所有的事情都由分店长制定方案，需要社长决断的由社长决断，然后由分店长负责执行"；"向社长报告时，不是问怎么办才好，而是自己提出解决办法，或者拿出A方案和B方案来作比较"。

还有，为了企业的发展，需要提高员工的能力。为此需要做必要的人事调动，这一点大家都达成了共识，但实际要动到自己的某个部下时，又不肯接受。

今年年初，虽有一些反对的声音，我还是提拔了两名员工当部长。有一部分干部认为"他俩能力还不够"。但这俩人顶着压力，在工作中采取了与前任者不同的措施，干得不错。我认为，刚升上一个职位时，也许能力不够，但随着经验不断积累，就能逐步胜任工作，成长为称职的人物。

另外，调动了某位干部的岗位，他本人却误认为被降职了。虽然他本人没有直接对我讲，但降职这个说法传到了我耳朵里。

希望加强与干部的对话和讨论

总公司是一个很小的机构，称为"社长室"。只有我和两名董事加两名工作人员一共五个人，其中一名董事还兼了一家分店的分店长，因此实际上只有四个

调动员工积极性的
七个关键

人。社长室的作用是负责人事、财务、系统管理以及对分公司提供支援。

但是,有的干部却讽刺社长室的工作人员:"你们很了不起啊!"而当工作人员去分店帮忙时,分店的干部却敬而远之,或者把本来是分店该做的事硬推给社长室。

对于组织的定位和作用,虽然我做过多次说明,在道理上大家都明白,但在感情上往往又接受不了。在公共需求减少、结构性萧条的环境中,为了扭转业绩下滑的趋势,必须开拓新的事业领域,必须迅速转变原有的营销战略。这需要社长和干部们拧成一股绳,果断决策并坚决实施。但这时候,干部中仍有人一味想依赖他人,或者固执己见。我认为这就是企业业绩无法提升的原因。

我并不认为我自己什么都对,我也经常从员工中吸取意见并纠正我的想法。每个人都有各自的想法那是理所当然的,我想应该通过对话和讨论取得一致,把大家的力量在相同的方向凝聚起来。

对于这样的干部,究竟应该怎么做,才能让他们具备作为经营者的主动性和自觉性?

- 回答 -
让他们具备与经营者相同的责任感

在你们公司里称为的"分店",实际上是独立法人。每个分店单独核算,下面有制造也有销售。但是,各个分店长却缺乏"代替你对经营负全部责任"这种自觉性。

我认为问题的核心就在这里。尽管你在强调"委托!委托!委托"给分店长,但我觉得分店长们却并没有明确地意识到这一点。

作为社长,你首先提出基本方针,各分店长再据此制订年度计划。但是因为地区不同,情况有很大的差异。所以各分店在进行单独核算时,首先必须掌握情况："今年的销售额应该能做这么多"；该地区今年有这几项公共事业，要加强营销活动，获取订单，确定销售目标；同时原材料要用多少，应挤出多少利润等。

各个分店的数字汇总到总公司，你再依据这些数字的总和，确定基本方针。就是说，明年的销售额不是由你决定后再下达到各分公司，而是根据分各个公司上报的数据来决定。

当各分公司的经营计划报上来以后，你又不能照单全收，你必须介入进去，作详细分析。"利润率这么低怎么行呢！""要支付这么多人工费，这个销售额太少了！""销售部门得再加把劲！"……，你要对各分公司上报的经营计划做出修正，这是很重要的。

经营项目要进一步细分

现在公共事业减少了，过去利润率还相当可观，现在萧条了。但是，按照你的说法，就是在当前行业低迷的情况下，有的企业仍然可以做出 3% 的利润。

如果是这样，那么你的企业、各个分公司也应该提高利润率。不管公共事业如何衰退，通过努力取得 3% 利润率的企业照样存在。我认为你也应该确立目标，达到与那种企业同样的水平。

为了做到这一点，水泥、钢筋等原材料的采购等，都要仔细研究，尽可能节约，否则就挤不出利润。

过去公共事业很多，竞争也不那么激烈，只要采用普通的方法经营，就能获得几个百分点的利润。但是现在因竞相削价，价格下降，竞争极为严酷，要做出利润就不容易了。就是说，现在的利润就那么一丁点，要增加利润该怎么做才好？在这种情况下，经营必须更加精细。

在核算时，首先是销售额的预测，接着是有关经费（材料费、电费等）都要建立详细的预算计划。虽说各分公司都有利润表，但在利润率极低的、严酷的经营环境下，请税务师和会计师做的一般的利润表，科目就分得太粗了。比如电费这一项，就有必要细分为工厂电费和办公室电费。不做详细区分，不彻底节约，就做不出利润。

一般的利润表在中小企业的经营中已很难应用。即使在预算的阶段看来还不错，但把实际使用的经费一汇总，预定的利润却跑掉了。因此要把费用项目详细划分，这样就可以看清楚是哪个项目出了问题。

你要自己思考、自己实践

例如，与建立计划时相比，销售价格下跌了。这时候，与此相应，怎么削减经费变得更加紧要。当然，水泥、钢筋等各种材料的价格，并不是只要谈判交涉就能顺利降下来的。

但是看到不断下降的卖价，必须采取措施，否则就会出现严重的亏损。这时候，有没有责任感强烈、能够迅速采取补救措施的分店长就非常关键。缺乏这样的人，公司经营就难以为继。

你强调:"分店内所有的事情都由分店长制定方案,需要社长决断的由社长决断,然后由分店长负责执行";"向社长报告时,不是问怎么办才好,而是自己提出解决办法,或者拿出 A 方案和 B 方案来作比较"分店长要有这样的工作态度。

但是,"这样做才好!""这么做,你们认为如何?"这类方案不是由下面的人提出,而是由你提出。你要想出好办法,你要去实行。什么都要等待下面人的提案,那就晚了。

你们公司有许多好的混凝土产品,通过什么渠道、用什么方法销售?你们要动脑筋、想办法。比如,销量或许不多,有利用星期天做木工活的店铺,他们会卖一些家庭菜园用的有图案的混凝土制品,分店长可和销售员一起去推销;有的家庭想用水泥预制板砌自家的围墙,等等。这些都是商机,不能总是等客上门,而是要在自己的产品上下工夫并主动推销。

价格也一样。为了维持原来的价格,需要想什么办法呢?你和分店长们必须承担全部责任、拼死努力,否则在严酷的环境中将无法生存下去。

让分店长负责,支持他们

在向干部员工委让权利之前,首先要让他们负起责任。对于负有责任的分店长,社长要亲自赶去支持。

从客户那里获取订单,按客户要求制作,然后卖出。这种性质的工作,要求极为细致。像过去那样,按规格生产出产品,然后等客上门。这样的生意方式已经行不通了。

问题是:各个分店的分店长在经营中是不是真正负起了责任?

其次,在一个分店内部也划分独立核算的单位。制造部门作为一个独立核算单位,千方百计削减经费、挤出利润;销售部门也是一个核算单位,要尽量提高效率、获取订单。通过独立核算,让制造和销售都负起各自的责任。

当然，分店长要对分店整体负责。在分店长之下再安排制造和销售负责人，他们都必须是对经营具备自觉性的人。同时对于这些承担责任的人，必须让他们学习和掌握正确的哲学和思维方式。

还有，为了避免所谓降职不降职的误解，所有的经营情况都要公开，让全体员工都知道。

在不了解经营实际情况的背景下，你要他负责任，那是不可能的。所谓"玻璃般透明的经营"，就是把经营状况向员工们公开，目的就是要让全体员工共同负起责任。不是要员工围绕着社长工作，而是要他们自觉地意识到："既然已经委托给我们干了，我们就要履行责任。"

你们公司的情况是，分店的员工人数都在40人左右，各分店的市场情况都不相同。我认为，在这种情况下，经营还是比较容易的。问题是：怎样才能让各个分店中具备经营者意识又具备责任感的人脱颖而出。

分店长具备了经营者意识，那么，自己越是辛苦，就越希望出现同自己想法一样的、拼命工作的部下。缺乏同心协力的员工，组织就无法正常运转。因此分店长不但自己要学习哲学，而且要向部下传授哲学，努力培养与自己齐心协力工作的员工。

怎样才能使数字管理在意识改革中发挥作用

存在抵制变革的董事及员工

我们公司属于婚庆行业。主要商品是：在日本国内和海外举办结婚典礼，生产和销售婚纱，出租结婚礼服，新婚旅行服务，等等。在婚庆这一专门领域内谋求多元化。

我们还做婚后的跟踪服务，比如为小孩满月后参拜神社做服务，为小孩三岁、五岁、七岁时的参拜活动做服务。现在的主要业务是在海外举办婚礼。预计这项事业今后的发展前景很好,所以准备下大力气投入。

那么,有关公司的组织方面,我想提三个问题。

第一个问题:"在这个变革的时代,为了创办新事业并让它走上轨道,应该采用什么样的组织形式?或者说应该怎么去思考权利委任和责任分担之间的平衡问题?"

婚庆行业处在巨大的变革期中。在昭和年代(1989年前)日本的结婚仪式全国一致,只有一种形式。进入平成年代(1989年后),人们的价值观发生了极大的变化。这个时代的婚礼形式多种多样,可谓"十人十色",包括简朴的婚礼乃至不举办婚礼。我们公司从创业时开始,生意一直就是出租结婚礼服。后来预见到了婚庆市场的变化,才开始着力于事业的多元化和国际化。今后,还要在这方面加快速度,继续推进。

然而,一直到今天,还有一部分老员工和董事,他们的意识仍然停留在"礼服出租店"那个阶段。没办法,只好由我和现场的负责人站在第一线摇旗呐喊。

我想，今后一段时间内，我还得在前面挥旗，但不能老是这么下去。意识改革究竟怎么进行，权利委让和责任分担之间怎么平衡才好？我感到很烦恼。

因人才不足，阿米巴经营进展不顺利

第二个问题："为了培养有计划意识，并按计划经营事业的部门经营者，应该注意什么？"

人们常说经营要靠人、财、物和信息。但我认为，这些经营资源的有效运用靠的是人，人才是一切的关键。从这个观点出发，从二十多年前开始，我们就在应届毕业生中招聘人才，但重点放在了营销部门。因为我自己在管理方面比较弱，所以对管理部门重视不够，人才配置不足。

但是，现在集团公司的会计要求合并结算，因此必须加强管理部门，同时在利润方面的压力也很大。虽然在削减成本、提高毛利率等方面采取了一些措施，但在水费、电费、办公费以及电话费等经费的削减方面进展不顺利。各个部门还没有培养起降低经费的意识。

另外，公司派到海外的优秀人才，因为自主决策的空间比较大，他们的工作很有生机，进步也很大。人才有往海外集中的倾向，国内受到影响，感到人才不足。我们认识到人才的早期培养很重要，现在正在加大力度。

核算意识薄弱

第三个问题：公司引进阿米巴经营和单位时间核算制度已经好几年了，但"员工主动削减经费"，这一点却还没有做到。怎样才能做到这一点？请教给我们指导员工的方法。

我们公司每年年初都召开经营方针发表会，在会上，每个部门都发表自己部门的年度计划（master plan）。为了实现计划，设定了每个人的目标、任务和应发挥的作用。同时每个月月初的核算会议、半个月一次的店长会议、一季度一次的总结会议都如期举行，会议的目的都是确认年度计划的进展情况。

作为社长，这样的会议每次我都出席，并作指导。但是，随着店铺数量的增加，我一个人要管理所有的事情变得越来越困难，因此，引进了执行董事的制度，构建经营战略，明确具体的管理责任，加快决策速度，以期提高经营的效率。

但是，各部门的管理者缺乏无论如何都要实现计划的强烈愿望。即使达成计划也偏向于达成销售计划，对于人工费、各种经费的控制，以及如何确保利润，却重视不够。

在这种情况下，要让大家主动去提升业绩，营造主人翁意识，明确公司的责任体制，有哪些要点必须注意？

• 回答 •

彻底追究核算的结果，培养经营者意识

寻找自己的分身

你的问题用一句话来说就是:"具备经营者意识的员工太少,怎样才能培养出这样的人才?请教给我具体的方法。"同时你还问:有没有什么方法可以把人才提前培养好。先回答你:并不存在想象中的、称心如意的培养人才的方法。

我创建公司时,最困难、最烦心的也是这个问题。我每天都在思考,希望出现和我有相同责任感的、拼命守护公司的、有经营者意识的人。

过去的京瓷公司里没有这样的人才。这项工作想委托他干;那项工作责任重大,想请他来做;但是具有领导魅力、能力又胜任的人才,实在很难找到。

用日本象棋打比方,想要"金将"这个棋子,但在中小企业里很难有这样的优秀人才。于是退而求其次,有"步兵"也行。让"步兵"深入敌营,就能"成金",就能变得强大起来。所以至少能有"步兵",让他做各种事,让他积累经验,让他变成"金将"。头脑里这么想当然是可以的，但实际上在企业里，连这样的"步兵"也相当缺乏。

你所说的情况，同我所遭遇的经历完全一样，所以我深切地感受到了你的烦恼。

我曾经希望我能够成为"孙悟空"。

像孙悟空一样，只要拔毛轻轻一吹，同我一样能力的人就会一个一个冒出来，那就可以做许许多多的事情。听起来好像是笑话，但我内心曾经拼命祈求："神啊！请赐予我孙悟空那种神奇的力量吧！"

这样的烦恼，不仅你有，只要是经营者，大家都品尝过。

既要委托又要追究

培养人才这件事同组织架构之间有紧密的关联。阿米巴经营中的核算意识也一样，也同组织结构有密切的关系。因为在实施阿米巴经营时，"建立什么样的组织"是成败的关键。

在你的公司里，引进了阿米巴经营中的核算管理方式，组织主要划分成国内和海外两块，各个店铺独立核算，店长对店内的核算负全部责任，就是说店长就是事业部长。

但是在你的公司里，店长缺乏必要的核算意识。"公司在海外的现地法人，因为自主决策的空间比较大，他们的工作很有生气，人才辈出。但在国内却培养不出人才。"

国内人才培养不出，恐怕是因为你在各方面干涉太多的缘故吧。对海外你会说："你们要独立核算，要把公司办好，不允许亏本。"因为鞭长莫及，只能把经营委托给店长。店长感到责任重大，就会拼命努力守护公司。这就有助于人才的成长，结果经营很出色，业务发展也很快。

国内也应这样，总部只要决定大原则，维护好这些原则，其他就交给店长们去做。然后，每个月都要依据计划追究实绩。重视追究这个环节，才是有效的阿米巴经营。所以，对国内的店长，在委托的基础上要追究，"出现赤字不能允许！"又委托又追究，这样才能更好地培养人才。

关键是能够培养出几个具有责任感和危机感的人

你还说：有一部分老员工和董事，他们的意识仍然停留在"礼服出租店"那个阶段。没办法，只好由你和现场的负责人站在第一线摇旗呐喊。就是说，一部分老员工和董事已无法依靠，迫不得已，你只能带领下面的人一起干。

一直到最近，我也是这种情况。对于那些说了也不听的干部，无法依靠的干部，我会说："算了，你不干就不干吧！"我会对下面的人说："我同你一起干！"我亲自出马，不用那些靠不住的干部，而是用下面的人，直接和我一起干。即使打乱了组织，我还是经常这么做。

但是，问题不能到此为止。如果我是你的话，与下面的人一起干，几个月以后，我会让上面的干部下台，把和我一起奋斗的年轻人提上来，让他们当店长。

与经营者有相同意识的人，就是说，对经营具有相同程度的责任感、危机感的人，这样的人你究竟能培养出几位，这决定了经营的成败。所以，不能把缺乏责任感的人放在干部的位置上，特别是导入阿米巴经营、要求店长进行独立核算时，更是如此。

所以，我认为，不仅是干部本人的问题，你追究的方式和力度不够也是问题。"如果连续几个月亏损，就不能当店长！"只有采取这种严厉的态度，才能催生出干部的责任感和危机感。

把经费项目细分化，通过工作培养人才

"经费削减进展不顺利，各个部门还缺乏这方面的意识。怎样才能让他们主动去削减经费？请教具体的指导方法。"这是你的提问。

在阿米巴经营的核算管理中，要把相对于销售额的经费详细列出，从两者的差额中，算出单位时间的附加值，或者利润。它是这么一个体系。比如，在婚庆行业，卖出商品的销售额（即举办婚礼），出租婚纱礼服的销售额，与这两者分别对应的经费要一一列出。但是，电费、电话费等因为难以算清，就采取摊派的方式。这就是问题。这就不能称之为阿米巴经营，这是"盖浇饭式的笼统账"。

首先是销售额，然后是针对这个销售额的经费项目，必须进行细分。不是按照普通的利润表的会计科目划分，而是要进行更详细的分割，使得实际经营分店的人能够看清楚经营的真实状态。为此，哪怕是公共经费的分摊，究竟应该按照人头来分摊，还是按照办公面积来分摊，要认真研究，尽量采取符合实际情况的方式。例如电话费，各个部门用了多少，要想办法弄清楚。把经费项目细分，这是阿米巴经营最重要的一点。

还有，比如在宾馆举办婚礼，有销售额就是收入。

这笔花费多少，那笔花费多少，经费就出来了。如果弄明白这是在哪个月哪一天哪个时候举办婚礼所花的费用，那么，每一次婚礼就能单独核算。看到详细划分的数字，就可以追究具体担当者的责任。

"这一项上，你怎么花了这么多钱？"

"不，这不是我做的，是托 A 先生办的。"

于是把 A 先生叫来。

"费用为什么花这么多？"

"确实，费用超过了预算。"

这时候，就要不厌其烦地进行严格的教育。同时，究竟在哪个问题上账算不过来，因而亏损了，领导者也好，担当者也好，都要搞得一清二楚。

所谓教育就是"在实战中训练"（on the job training）。

详细划分科目，是阿米巴经营的要诀

我在构建阿米巴经营的管理体制时，京瓷还是一个小企业。

调动员工积极性的
七个关键

把精密陶瓷的原料调好，使用这种原料，让它成型，然后烧制，然后精加工，经检验以后出货。从原料部门开始，把后面各道工序都划分成部门，进行独立核算。

在原料部门，将多种原料混合，放进碾磨机里粉碎，进行调制。调制好的原料卖给成型部门。最初的原料增加到10种、20种时，因为价格全都不同，再加上调配的方法不同，成本都不一样。费工夫的活，所需要的时间和人工费也会增加，所以卖价是变化的。

调制完的原料卖给成型部门的时候，数量是几吨，使用的原材料的价格是多少，碾磨机所花的电费是多少，等等，所花费的时间和经费都要详细记录。这样做，就可以算出原料部门有多少利润。

如果把这些费用都混在一起的话，正常的时候没有问题。但是，在工作中有时候难免发生错误。比如在配制原料时，把配制的品种或配制量搞错了，那么这种原料就完全不能使用了。这时候，如果有详细的记录，那么是"哪一个部门的哪个人在什么原料上搞错了？"就能这样去追究，在追究过程中把人培养起来。

成型部门最初全部算统账，后来因为成型的品种越来越多，就要求分品种独立核算。销售额的分类要详细，与之对应的经费项目也要详细列出。这样的科目划分就是阿米巴经营的要诀。

要让所有的员工都能看懂

这样做出来的独特的利润表，合乎逻辑，科目划分非常清晰。这个月销售额是多少、原材料花费多少等，全部的计算科目都要列出。

这样的话，员工们就会知道，自己部门的收支核算为什么不好，必须削减哪些费用。为了让在第一线工作的所有员工都能明白，所以计算的科目不论大小，都要毫无遗漏地列出来，这是非常重要的。

自己部门没有使用的费用，比如，水费等突然增加了，弄清了原因，那是别的部门在公司花园里浇水所用，那就是和自己的部门无关的费用。

经费项目明确分类后，"你们部门的水费、电费花这么多，是花在哪儿了？"就可以这样去追究，被追究了，才会产生节约的意识。

在阿米巴经营中，不是一般性号召，比如"走廊里不用的电灯要关掉！""要节约用水！"不用这种抽象的语言。而是不论大小，把所有的费用项目划分清楚，全部列出来，然后针对每个项目采取行动，并将行动的结果公开，让大家都知道。这样做，员工们对经营才会产生兴趣，才会主动去削减经费。

具备经营者的责任感和危机感，自己主动去削减经费，这种意识只有通过这样的机制才能形成。如果你真心想要培养人才，就必须追究他工作的结果。或许严厉，但一定程度上赏罚必须分明。对于既不努力，又缺乏责任心的人，只能调离。

业务扩大时要提升利润率

最后我补充一点,这也很重要。

你们把婚庆事业在销售上做到了很大的规模,但我希望你们还要进一步提高利润率。当然你们现在已经是一个很优秀的公司了,但我总是强调"税前利润率最低要达到10%"。

包括海外在内,你们正在进行快速的业务扩展,要是利润率不高,进展一定不会顺利。这是因为事业扩大需要资金。在利润率低于10%的情况下,扩展海外的业务是相当危险的。

首先要提升各部门的收益性。如果利润率达到10%,就可以进一步去扩展业务了。

怎样将哲学渗透到各层领导中去

为了把众多部下凝聚起来

要让公司团结一心,我认为干部掌握经营哲学

（philosopher）是非常重要的。但是看一看整个公司，有些部和科的领导者仍然没有掌握哲学，没有把哲学当作自己的信念，当作行动的指针。

如果部下人数不多，只有二三十人，那么，部、科长或许还能掌控。但是人数越是增加，组织的运行就变得越加困难。

这时候，这些领导者是否掌握哲学就显得更加重要。如果不掌握哲学，判断基准就会动摇，自己缺乏主见，就会被周围人的意见所左右，变成一个只会调和妥协的人。

干部们学了经营哲学却没能掌握，怎么做才能将哲学渗透到这样的干部中去？

• 回答 •

珍视对哲学产生共鸣、默默努力的人

与自己的思维方式相同的人找不到

要凝聚公司的力量,就需要有志同道合的干部,为此,你一直致力于哲学共有。但是,究竟有多少干部能够真正理解哲学呢?你感到困惑。

我也有这样的烦恼。实际上,几十个干部中,真正掌握哲学的人,只要有一个,或许就算不错了。"社长的想法我懂,我会跟着社长干!"嘴上这么说,心底里其实并不明白。这种人占多数。即使是10年、20年在一起同甘共苦的战友,真正理解的可能性仍然不高。

从京瓷创业开始就跟我共事的几位干部,曾同我一起外出旅游,是属于私人性质的旅游。过去,我同他们虽然是社长和部下的关系,但年龄上他们也只比我小三四岁。跟他们一起旅游,让我重新明白了一些事情。本来我认为,跟我一起工作了几十年,与我距离最近的这些人,对我的哲学、我的观点都很清楚,都很理解。但实际上却并非如此。

一同旅游时，我对一位老干部这么说："你从那个时候起就有轻率的毛病，至今未改。确实，你性格开朗，这一点同我投合。但因为慎重不够，做事业就有危险。对此我有担心，所以大事情就不敢委托你做。"

因为工作中我经常对他发火，所以他心中也积有若干不满。

"稻盛先生，你从年轻时起就非常严厉，老是冲我发怒。但是人生有一点失败有什么关系呢。正因为有失败，人生才有意思，也才会有快乐。"

"对于你个人而言，不在乎失败似乎轻松有趣。但对于一个拥有几千名员工的企业负责人来说，因相扑中的所谓'勇足'[⊖]，导致失败，让公司破产，是不允许的。在你看来并不那么有趣、那么快乐的事情，也必须极其认真地去应对。因为你从年轻时开始，就认为有点'勇足'无所谓，人生反而有意思。因为你是这

⊖ 把对方推到赛场边缘，眼看就要胜利，但因用力过猛，自己的脚先出线因而输了。

样的人,所以责任重大的事情不敢让你做。"

我这么说,他感到很惊奇:"唉!是这样吗?"

把自己的哲学——我是按这样的人生观做事的——反反复复地向干部们阐述。即使这么做,能达到跟自己思想水平相同的干部还是极少极少。

因此,即使干部在经营哲学上达不到那么高的水平,只要他们说:"社长的想法真棒,我认同、我喜欢,我愿意跟着社长干!"只要他们认真努力,那么就要爱护他们,教育培养他们,增加像他们这样的干部。除此之外,没有其他解决的办法。

真正可靠的,是那些埋头苦干的人

但是,说这种话的人中间,也有口是心非的。

"社长的想法,我非常理解!"说这话的人口气相当诚恳,因为当经营者很孤独、很苦恼,所以听到他能认同自己,心里真的很高兴。尤其在喝酒时听到这些话,更是特别开心。"真的理解了,那太好了!来喝一杯！"于是同他干杯。同时心想："这样的粉丝，一旦公司碰到危难，他一定会铁了心、拼命跟着我干。"但就是这种人，稍不如意就轻易地辞职而去了。

根据我的经验，嘴上说得好听的人往往靠不住，真正可靠的，是那些默默工作、埋头苦干的人。

第 3 章

具备前瞻性,磨炼发挥强项

愿景引导个人的努力方向,如要调动员工的积极性,必须使其看清公司的前进方向和目标,激发他们从不同的方向努力,众志成城,不断创新。

调动员工积极性的
七个关键

如何应对可能发生的环境变化

对现在从事的中间流通业，感觉已到了极限，开始参与观光事业。请允许我就"应该如何应对环境变化"提出问题。

我们公司是我父亲创建的。当初做糕点批发生意。因处于第二次世界大战后的复兴期，国民还穷困，很少吃到甜点心，所以糕点很受欢迎，公司也发展得不错。但随着日本人生活逐步富裕，糕点供过于求，事业发展的前景出现了阴影。

于是，把事业发展到旅游观光土特产领域，公司把经营的重心转移到了以糕点为中心的土特产批发行业。在 1965 ~ 1985 年，日本出现了旅游观光的热潮，土特产品卖得非常好，特别是研修旅游和员工旅游的市场很大，加上新干线（高速铁路）和高速公路的拓展，我们公司一帆风顺，业绩一路上扬。

1985 年初开始，各地兴建主题公园，观光旅游事业一片景气，也没有什么价格竞争，我们置身于十分优越的商业环境之中。当我从营销员走上社长岗位时，那一年的销售利润创造了历史纪录，投入市场的新产品非常畅销。

但是，当创业者、就是我当会长的父亲过世之后，销售额和利润就逐年下降。其背景是：百元商店（无论什么商品都只卖 100 日元）等廉价商品抬头，同时研修旅游等团队观光也明显减少，一般性旅游观光变成家常便饭，人们买土特产的兴趣大大降低，这些因素都影响了我们公司的经营。

在我就任社长之前，我已经感觉到中间流通业（批发行业）发展遇到了瓶颈。我考虑朝着行业的上游或下游发展，或向上下游两端移动。于是我开设了"观光农园"。在观光农园里客人可以自己采食草莓，里面还设置了餐厅和商店。基于追求货真价实、以稀为贵的客人正在增加，为了吸引他们，我想，首先打造观光区域，然后再做出真价实货的产品。

但是，一方面我不懂农业，另一方面我独立经营的能力尚差，我考虑在不久的将来，将观光农园变成农业法人，对搞活农业做出贡献。农业是地区产业的核心。

目标是发展现有事业，还是开辟新事业

我的问题有三个。

第一个问题："应该致力于现有事业的发展，还是准备开辟新的事业？"

现在观光事业形势严峻。这个行业的领头羊旅游代理店都在重组之中。各地的温泉设施、大规模主题公园设施处在恶性循环中，需要的投资金额巨大，但客人却有减少的趋向。客人需求变化之快，令人难以置信。

在这种经营环境发生巨大变化的情势下，究竟是以本行本业为中心来发展事业呢，还是果断挑战新事业，

将现有资源用到与旅游事业无关的不同行业中去呢？我举棋不定。

第二个问题："在转向新事业时，员工的问题怎么处理？"

在向新事业转变的时候，即使向员工们作了充分的解释，但是根据以往的经历和实绩，员工不会100%都愿意参与新事业。当有人不赞同公司新的方针时，公司应该怎么办？即使让他们辞职，也要坚持新的方针；还是迁就他们，对希望在原有事业中工作的员工采取妥协态度？我感到很困惑。

第三个问题："作为经营手法之一，可以加盟专营事业。对这种选择您怎么看？"我现在不能袖手坐等，我调查了参与各种事业的可能性，其中之一就是加盟专营事业。

但是，所谓专营事业，是别人创造的商业模式，用支付加盟费和专利费的形式购买这个模式，其中不但包括技术诀窍，而且包括专营企业的经营理念。如果经营理念或者经营哲学也要从别的企业购买,我不免踌躇。

参与专营事业的可能性,还有如果参与,要有怎样的精神准备,也希望给予指导。

> 回答
>
> 从多方面、多角度进行摸索,付出不同寻常的努力

开创事业相当于挖掘矿山

你提出的是非常困难的问题。你继承了旅游业土特产的批发事业。在旅游业兴旺的年代,经营得很顺利,但现在观光旅游行业不断衰退,在这种情况下该怎么办?

持续专注于一项事业,不懈努力,结果从这项事业中开拓出一个巨大的市场,这种情况是有的。创办事

业犹如挖掘矿山。

比如,在某个地区开设了一家百元商店(100日元),然后按这种模式向全国推广,做成了销售额几百亿、几千亿日元规模的事业。

但是,并不是所有的事业都能如此一帆风顺。

比如,A先生和B先生同时开始挖煤。A先生挖呀挖呀就发现了大矿脉,不久就建立了煤矿矿山。但是,B先生同样努力挖,开始时也挖到了一点煤,但再挖下去却见不到矿脉。与此相同,由于行业的差异,也存在着有无"矿脉"的问题。

就是说,既有像百元商店一样,挖下去就会发现大型矿脉的行业,也有像你经营的旅游土特产批发事业,只能在某个特定地区展开,或者随着时代的变迁,"矿脉"会消失的行业。

这不是说行业有什么好坏。但事实上存在着两种行业,一种是只要努力,矿脉便源源不断出现的行业;另一种是不管如何努力去挖,只能挖出砂土的行业。就是说，有运气好坏的问题。

那么，该怎么办才好呢？下面来回答这个问题。

创业时的京瓷也有这个问题

京瓷公司所做的事业，性质同你的行业一样。精密陶瓷是从来没人干过的、全新的一种烧结物。我用这种材料开发出了可用于电子工业的特殊产品。

但是，这种产品却没有理想的市场。最初采用的，只有松下电子工业一家。当时适逢电视机开始普及，这种产品作为绝缘材料被用到了显像管中。但市场只此一家。因为买家是松下，不愁付款，所以我就拼命干活，专注于这项工作。实际上，京瓷刚开张的时候，全体员工的吃饭问题，就靠松下一家客户对这一种产品的订单。松下的订单不断增加，我们满怀喜悦拼命生产。托松下的福，我们在创业第一年就实现了10%的销售利润率。

但是，我虽然不知道在什么时候松下突然会说："这个产品我们已经不需要了。"然而，我的头脑里却一直存有这种担忧。

松下电视机显像管的绝缘材料，是在与松下技术合作的荷兰飞利浦公司的指导下做出来的，同样的技术，飞利浦公司当然也具备。如果京瓷不努力的话，松下或许就会说："我们不从你们那里买了，从飞利浦进口就行了。"这样的话，因为我们只有这一种产品，企业就会因没活干而很快破产。

虽然处在这种境地，但如果一方面干着松下的活，同时又跑到东芝和日立去讨活干："能不能给我们这方面的订单。"这感觉上似乎背叛了松下。松下可能会这么说："你们对松下讲道义吗？活都是松下给的，你们也赚钱不少，现在又跑去松下的竞争对手东芝、日立那里推销，这像话吗？"

过了一年之后，松下的采购科长对我说："稻盛君，你们的产品不必只供我们一家，你们也可以卖到别处去啊！"这位科长的言下之意是：只卖给松下一家，如果京瓷破产了，责任就会怪到松下身上。当然拼命跟着松下干，可以让松下人高兴，但松下要一辈子带着京瓷，那是很够呛的。

"那么，卖给东芝、日立也可以吗？"我抱着惊奇的心情加以确认。"当然可以！"科长讲完后，我迅速去其他公司推销。

但是，当实际跑去推销时，他们却说："松下用过的东西我们不要。"再没一家买我们的产品。小小的京瓷当时没有名气、没有信用，除了松下外，没有其他厂家愿意使用我们的产品。

必须接二连三做新的事情

在这样的情势中，不久，果然出现了我担心的事态，就是松下真的要说"不要"的那种事态。需要高度技术的精密陶瓷产品可能被廉价的玻璃产品所替代。风闻日本电气玻璃和旭日玻璃这两家大公司已经开始研究开发。

听此消息，我毫不犹豫，立即决定要做玻璃产品。

但是，京瓷没有制造玻璃的设备。夜间，我将原料装进小汽车，从京都开往大阪下町的一个小玻璃厂，夜里借用他们的窑炉，反复进行各种试验，做出的玻璃产品在天亮前从炉中取出，再装上车运回京都。

开业后刚刚第三年的小企业，拼死努力开发玻璃产品，可以说在千钧一发之际，总算开发出了替代陶瓷的玻璃产品，使订单得以继续。

真的是不容一丝一毫的疏忽，必须迅速地、一个接一个地开发出新产品。

此后，京瓷不断开发出各种新的精密陶瓷材料，并研究如何运用到其他产业。不仅是电子工业和家电产品，而且运用到机械制造领域，不断拓展新的市场。

就是说，每种产品都不是很大的矿脉，开始挖出一点东西，挖下去很快就是砂土，所以必须去找新的矿脉。当然办百元商店也不见得很轻松，但只要付出相应的努力，就会碰上很大的矿脉。但京瓷干的却不是这样的买卖。

我想，绝大多数行业都是如此吧。如果是这样，那么，就必须拼命思考如何接二连三地展开新事业，从而将整个事业拓展。

不断思考从多角度、多方面开展事业

你过去主要从事糕点批发，你说你想开展与旅游相关的别的事业。现有的事业销售额下降，处于亏损状态，想做与观光相关的事情，因此开始做观光农园。

但是，我想你做得并不顺利。正如你所担心的那样，我也感到这件事很棘手。开始的两三年或许还不错，以后客人就不来了。但另一方面，固定费用和人工费用要照样支付，还有维护保养的支出，仅仅提供从事农业作业的人工费用就是不小的负担。

京瓷也一样，刚刚创业就置于严酷的环境之中。如果把全部精力都集中在开始的那一个产品上，公司肯定做不大。必须不断找新的活干，为此，我不断从多角度、多方面思考事业如何拓展。

所谓"多角度"，就是接二连三地开展与本行本业不同的新事业。我们最初做的是显像管中的零部件。当电子行业滑坡时，我们的业绩也会下滑，因此花工夫开发精密机械用的陶瓷零部件，开发新的市场。另外，在汽车的零部件中也用上了我们开发的陶瓷产品。这样，即使眼前某个行业不景气，只要其他行业正常，我们公司的经营就能稳定。

所谓"多方面"，就是市场不限于在日本国内。

在日本市场不好时，美国市场可能不错。因此，产品不仅在日本市场销售，在美国市场也要建立桥头堡。再进一步，在欧洲也要建立新的桥头堡。这样的话，日本市场不好时美国市场好，相反美国市场不好时日本市场好，企业经营就能保持稳定。

要认识到，拓展新事业需要付出几倍的努力

话虽然这么说，从多角度、多方面展开事业，说起来容易，做起来难。

现在从事的事业，正在与别的企业激烈竞争。与此同时，又要开展新的事业，当然又会有新的竞争对手。竞争对手将百分之百的精力集中于一项事业，我们却要把力量一分为二，只能以 1/2 的力量去应对竞争对手。

这样开展事业，一开始就能见胜负。在开展两项事业时，必须付出竞争对手双倍的力量，就是要注入百分之二百的力量去对抗。再要出手第三个领域，那就非得夜以继日、拼命努力了。

我在当社长时，曾对干部们这么说："要让企业获得发展，要让企业经营稳定，多元化是必需的。除了现在做的事业之外，需要不断出手去做新的事业。等到本行业不行的时候再出手新事业，就为之晚矣。

"但这是非常困难的事。不彻底的、半途而废的做法，会导致企业崩溃。看着人家的事业，似乎很赚钱，因此也出手，而一旦失败，就会带来严重的后遗症。所以在出手新事业之前就要做好相应的精神准备。

"另外，做新事业也有竞争对手，他们是百分之百、全力以赴，为了不输给他们，我们就一定要分外努力。自己感觉到身体一分为二、一分为三还是不够用，但必须付出这样的努力。

"如果有这种心理准备就可以出手，没有这种程度的觉悟和决心就不要轻易出手。因为弄得不好，本行本业也会遭殃。

"为了企业的发展和稳定，需要多元化，但多元化伴随着风险。没有强烈的斗志，不准备付出极大的努力，就不要做。但是，因为京瓷除此之外没有活路，所以我下定决心，无论如何一定要把多元化事业做成功。"

我就是这样接二连三展开新事业的。

调动员工积极性的
七个关键

走无路之路

　　干新的事业,一旦成功就会产生利润。但新的事业即使一时成功,当这一事业衰退时,问题也会接踵而至。考虑到这一点,就要再次出手别的新事业。就这样,兢兢业业、接二连三,不断开发新事业,京瓷公司才有了今天的局面。

　　大荣的创业者中内先生经营超市,开始时,只是大阪的一家日用品商店,名为"主妇之店——大荣"。后来在日本全国展开,成为销售额超过 10 000 亿日元的、日本最大的零售商店。这是一种行业持续深挖碰到了大矿脉的情形。

　　还有麦当劳的藤田田先生,从美国获得麦当劳的专营权,开设汉堡包店,利用汉堡包这一个产品就做成了一家上市的大公司。像这样的事业,把一个行业当作主业,集中力量,持续不断,拼命努力,就能保证事业获得发展。

但是，现在你做的事业却不是这样，需要不断地变化，不断地拓展新事业。

我同你一样，做的也是这种类型的事业。但我却因势利导。因为不是集中于一行一业就能保证发展的事业类型，所以我必须接二连三思考产品如何应用到其他领域，用这种方法把事业做大。

为此，我走过了比别人困难数倍的道路。大荣的中内先生走过的道路，开始时或许也是无路之路，但随着向前行进，却遇到了一条铺设好的宽阔的柏油大马路。然而，我走过的路都是泥泞不堪的田间小道，常会滑倒。我走的是一条无路之路。

不愿追随的员工只好辞退

第二个问题：在转向新事业时，员工的问题怎么处理？

员工说："社长，那样的新事业我无法适应，因为迄今为止我干的是这一项。"这时候，是按员工说的方向前进,还是去开展新的事业,哪怕这些员工辞职不干也要坚持。

我不知道你究竟想说什么?

企业经营不能那么从容不迫。既然他说他无法追随你去干新事业,那么只好请他辞职。"哪怕没有一个人追随,我也要干!"社长需要具备这样的勇气和责任感。

这时候,对员工抱一种扭曲的同情心,那就什么也干不成了。

如果缺乏智慧也可加盟专营事业

还有加盟专营事业这条道路可走,这事您怎么看?这个问题放在了第三位。你说自己有志于多元化经营,并一直在寻找新的事业,但总是找不到,所以正在考虑参与专营事业。

你说:专营事业是别人创造的商业模式,用支付加盟费和专利费的形式购买他的模式,其中包括了销售和经营的诀窍。

如果自己缺乏构建新事业的力量，那就应该购买。智慧不够的话，就有必要出钱购买。

加盟别人的专营事业，那就要遵循他们的经营理念。你说你有自己的经营理念，因而多少有些犹豫。你的态度不对。

专营事业成功，或许理念上与我所讲的有若干不同，但是，做成这个事业的人，是用他的理念获得了成功，所以，出钱去买他的模式和理念，并认真学习，是必要的，这样才能成功。

专营事业既有成功的实例，又教你成功的窍门。如果你缺乏智慧，我认为，加盟专营事业也不失为一个重要的选择。

不过，"究竟是什么样的专营事业"这一点很重要。听说在专营事业当中，有只想靠加盟费和专利费发财的、性质恶劣的所谓专营事业。实际上并没有做成什么大事业，也没有什么了不起的诀窍和技术，却想通过推销获利，对这样的人要引起警惕。

　　所以，若想参与专营事业，就要去看看已经加盟的公司，看这个事业前景如何？作为一项事业，它有没有吸引人的美妙之处？这些需要进行调查。还有，传授这项专营事业的人具备何种人格，可以进行采访。如果确认此人不错，可以与他携手合作。这时我想就可以决定加盟了。

在主业不景气时，如何开启新事业

　　我们公司经营液压设备，现在正在非常萧条的境况中推进事业。"在萧条中如何向新事业转型？"我想围绕这个主题提出问题。不是谋求事业的多元化，而是主业已经完全陷入结构性萧条，今后公司运行上，必须要向新事业转变。我从这一角度提问。

　　我们公司创建于20世纪60年代，从事液压设备的设计制造。当时整个日本处于高增长期，作为造船和钢铁设备的动力来源，液压装置也很受注目，随着与重工业有关的设备投资的增加，我们虽不张扬，但业务开展十分顺畅。

液压技术作为控制装置及动力源，广泛应用于建筑车辆、吊车、船舶设备、冲压机等机器设备。我们的日常业务，就是按照制造机械设备的客户的具体要求，提出计划并报价，然后设计、制造。客户的要求各不相同，"一品一样"的订单方式是主流。虽然麻烦，但我们已经得心应手。

但是，随着经济泡沫的破灭，大型设备的订单迅速减少，竞争日趋激烈，特别是价格竞争白热化，不少订单的价格甚至低于成本。销售额、利润率大幅下降，跌入了谷底。

在这个过程中，当我们探索开发新产品的时候，偶然遇上了一位正在研究"光触媒"的大学老师。通过交谈，我们达成了"产、学携手"共同制造应用光触媒技术的新的设备装置。

在这里我简单说明一下光触媒技术。当用紫外线照射氧化钛这种物质时，在其表面会产生活性氧，由此可以分解有毒气体，分解造成恶臭的化学物质。运用这项技术，可以杀死在食品制造中产生的大肠杆菌等病原菌；可以防止医院等房屋内发生的感染扩散；可以分解香蕉水、甲苯等有机溶剂在气化时产生的有害物质；可以分解引起特应性反应等过敏反应的建筑材料中的有害物质。

此后我们孜孜不倦、刻苦钻研，开发出了应用这项技术的光触媒过滤器，做出了装有这种过滤器的产品。

因主业萧条，办新事业缺乏资金

光触媒技术登台亮相，令人瞩目。在这方面日本技术世界领先。因为目的在于改善环境，所以我坚信这个产业前景光明。举一个例子，它在家用空气净化器和空调中都已经应用，有名的空调机企业大多已经参与，市场也正在扩大。

不过，为了避开同大企业竞争，我们考虑主要开发业务用、产业用的设备，准备在环境净化装置市场上决胜负。我公司开发的过滤器，包括正在市场销售的以及还在研究之中的，在我们公司研究所的实验结果中，显示出性能最佳，同时也获得了某大型空调企业的好评，要求我们尽快商品化。

以此为契机，为了摆脱单纯的研究状态，我们正在征集共同出资者。但如果有大企业出资，又担心我们的技术会一股脑儿让他们拿走。当然还可以募集风险投资，但是，同我们做生意的一家中国台湾企业，后来却被风险投资商夺走了。同样的命运或许会重演，我们有诸多担忧。

我们的资本很少，究竟用什么方法来启动这项事业，大资本也瞄准的新事业，我们参与进去合适吗？

大的问题是，因为主业液压设备的订单急剧下降，企业腾不出资金投向新事业。迄今为止，虽然接受了许多公共扶持金，但远远不够用。当然，作为筹措资金的方法，也在探讨与商社共同出资另设公司的办法。包括市场开发在内，与商社结盟的办法究竟好不好？签订合同时该注意的要点是什么？

另外，还有一个员工高龄化的问题。公司的体制恐怕不适应新事业的开拓。公司创建已有几十年的历史，在适应风险企业培养制度和接受补助金制度方面也有难度，这也是事实。

• 回答 •

应该致力于主业

疏忽了在主业扩展方面的努力，欠下了账

提出这个问题表明你们遭遇到了非常困难的状况。

一开头你就说："不是谋求事业的多元化，而是主业已经完全陷入结构性萧条，今后公司运行上，必须要向新事业转变。"

但是，多元化，也就是启动新事业时，重要的是应用自己拿手的技术去拓展，不能与主业毫不搭界，就是说，不能去做自己不擅长的事。

你们的主业是液压装置，在大的方面，比如可以用在汽车挖掘机上，小小的汽缸液压装置可以产生巨大的力量。设计出这种液压机械的心脏部位，接受客户的订货。客户提出："我们需要尺寸如此大小、能够承受如此大小压力的液压装置。"根据客户要求进行设计，做出产品，装进生产用的机器上。对于客户来说，你们公司的存在非常可贵，不可或缺。

还有，你们一定具备长期以来积累的专业技术——金属加工，制造液压装置的技术诀窍，以及相关的许多知识。因此，如能在创业以来积累的技术的延长线上拓展的话，我想在主业的周围可以形成若干的事业。

遗憾的是你们没做这方面的努力。所以直到出现结构性萧条、陷于亏损时，才意识到"这样下去可不行，必须开拓新事业，为了企业的生存，必须有所作为"。

然后，偶然认识了研究光触媒的大学老师，决定支援这位老师的研究。

由此可见，你们是一错再错。不该去做离主业太远的事业，但你们却做了。本来应把主业做得更强，你们却没能做到。现在又去做危险的、离主业很远的事，所以遭遇到双重的困难局面。

本来，至少要在主业上做出10%的利润，比如销售额是5亿日元，利润做出5 000万日元，就能养活包括技术人员在内的15～20名员工。

有了这个基础，就可以对员工们说："对不起，从现在开始我要去搞光触媒，在公司现有资金中拿出2 000万日元。拜托你们把主业守住。"然后你再去做你的新事业。

即使失败了，也就损失了2 000万日元，你还可以逃回来，因为自己的中心城堡依然坚固。

然而，中心城堡成了无根之草。主动出击自然不错，但一旦攻击失败，回来时却发现城堡已经陷落，自己的城堡已被敌军占领，还在着火燃烧。这样的出击没有意义。现在你很想出击，但自己城堡内部很不稳定，想出去也出不去。所以我说你面临的状况非常严峻。

创造技术、产品、市场：挡在前面的三重壁障

迄今为止我做过各种各样的事情，开发新技术、推进多元化有三大困难，就是"创造技术"、"创造商品"、"创造市场"。也就是说必须创造出过去没有的技术、商品和市场。

比如，我在创立绿色月牙宝石事业时（京瓷原创的再结晶宝石），首先是利用天然原料，开发出了制造祖母绿等宝石的结晶"技术"。但是不管开发了多么新颖的技术，光靠技术，事业还不能顺利开展。为了销售，还必须开发出商品，比如宝石饰品、戒指、垂饰、项链等。

但是，在市场上，有专门的宝石、饰品的款式设计师，大多数人都喜欢他们设计的东西，不是他们设计的款式就卖不好。客人很挑剔，并不是谁设计的东西都能卖掉。所以创造商品并不那么简单。

更何况，这是人造宝石，即使强调"这与天然宝石没有任何区别"，别人还会反驳"宝石如非天然便没有价值"。所以有了技术、有了商品，却没有"市场"，市场必须由自己创造。

单单技术开发就是一件非常困难的事，开发成功后还必须把它商品化，这也是难事。当已经做成了商品，如果没有市场的话，就必须创造市场。

当我做出绿宝石之后

讲一讲我做出了绿宝石时的一段逸话。

开始时绿宝石的颗粒非常小，大的怎么也做不出来。但随着研究的持续深入，小的绿宝石一点一点长大，做出了边长五六毫米的方形宝石。我非常兴奋，用包药的纸包了四颗，拿去给当时华戈尔的会长塚本幸一先生看。

我们俩人盘腿而坐,谈起了开发绿宝石的话题。

"这次我把绿宝石开发出来了,塚本先生,请你看看。"

"哎!这真是你做的吗?好!真的很漂亮,这可了不起啦!你做电子工业用的零部件崭露头角,让周围的人吃惊不小。现在又做出了这么高贵的东西,你是要把女人的心也夺走吧!真不得了,太成功啦!"

做到五毫米大的绿宝石花了 8 年时间,用了三个年轻的技术员,也投入了相当多的资金。因为受到了塚本会长的赞赏,我心情十分舒畅。并趁势把它做成了若干商品,但一旦想要销售,却没有市场,只能拿着商品到各处的商店去询问。

每当默不作声让对方看时,他们都会说"是极品,我马上用现金买",但我一说是我们做的东西,他们即刻就说"那不要"!

我们也曾拿去美国 Beverly Hills 的高级住宅区的

调动员工积极性的
七个关键

珠宝店。因为在天然宝石中没有这么高品位的绿宝石，所以犹太珠宝商一看就如获至宝，马上表示可用现金购买。但当他们得知这是我们人造的东西，立即大失所望，都说不要。我们没作说明时，他们都以为是天然宝石。

市场开拓的历程

　　凭着一个科技工作者的良心，当然不能靠谎言来推销。但一说真话，一说是我们做出来，就卖不成。好不容易走到这一步，当然不能放弃，经过反复思考，决定将这种宝石定名为"绿色月牙"，正式发售。

　　发售仪式在京都的宾馆举行，将客人们请来并举办了宴会。发表贺词的是早先赞赏过我的塚本会长。"终于要正式发售了，塚本先生，请您作为来宾代表致词行吗？"在我的请求之下，塚本会长爽快应诺。

　　不料，原以为会将我褒奖一番的塚本会长一开口就说："稻盛君做了一件多余的、没有意义的事，我正在为他担心着呢！"接着又说："我刚看到他的绿宝石时，着实吃了一惊，并称赞了他。但后来把稻盛借我的宝石给熟悉的女士们看，十人中有九人说'这个东西谁会买啊'！"

据塚本会长介绍，与他熟悉的女士们这么说："因为不是天然宝石，是人工宝石，价格大概会很便宜吧。那样的话，我花了几百万日元买的天然宝石的价值不就下跌了吗？对干这种事的人，我连杀他的心都有。"

塚本会长又说："稻盛君，可没人为你的命担保呵。所以我才说不要做多余的事嘛。"

把客人们请来，召开一个"绿色月牙"销售发布宴会，却来了这么一篇贺词，真把我气得够呛。

另外，最初我们去各大百货商店联系，那里的人都冷面相待。

"如果把这种东西放在我们的宝石柜台销售，那客人就会以为我们的宝石都是人工宝石。这不是开玩笑吗？ 如果你们一定要放，那就放在一楼门口旁边的那个廉价饰品柜去卖吧!"

拿到宝石专卖店去,更不让陈列。于是,事情就从发号召开始:"有人愿意销售再结晶宝石吗?"

第一个响应号召,表示有兴趣销售的,是石油行业。

光做石油没有前途,但他们拥有客户,可以采取访问销售的方式推销再结晶宝石。与宝石毫不相关的行业成为援军,愿意帮助我们做新颖宝石的生意,很是意外。

能够创造出商品和市场吗

话说得长了一点。前面主要想说明要开展新事业,会碰上三个难关。

根据你的说法,应用光触媒这项技术,可以净化空气中的有害物质,你们已经开发出有关装置,但还没有做出确凿的商品。

而且,即使商品化以后,还需要卖给制造空气净化机的厂家。如果做不到这一点，那就非得自己做空气净化机不可。连一点名气都没有，就要与已在制造空气净化机的大企业竞争，况且还没有自己的市场。真是困难重重。

借助大企业的力量争取成功才是上策

先说结论，你想避开大企业走自己的路。但是我认为，如果可能的话，你拿着你的光触媒技术，到对你的技术感兴趣的大企业去，给他们作说明，"我可以提供技术，却没有钱"。在大企业的指导下，把这项事业开展起来。我觉得这是上策。

例如，即使资本金是 50 对 50，你还可以提出如下要求："后续的资金，希望全部由作为大企业的贵公司出。我们当然会派技术人员，请你们也派。"可以采用这样的方式。

尽管出资比率是 50 对 50，技术让他们拿去，那也是没办法的事。因为如果不借助大企业的力量，商品

> 调动员工积极性的
> **七个关键**

化也做不成，市场开拓也做不好。不是因为这个事业前景看好所以自己单独干，而是相反，借助对方的力量，自己乘势而上。资本金一半对一半，成功了你只能获得一半的好处，但同时你也没有风险，所以这是上策。

假定你的技术被偷走了，就是说你的技术以及由此产生的效益，好到人家要偷的程度，那么，你的公司也应该赚到了很多钱。

你说，另外还有与商社共同出资的思路。携手合作的对象不应该是商社，而应该是渴望获得你的技术的大企业。你或许也出一点钱，但主要让大企业出钱，联合起来一起干。要敞开胸怀，坦诚相对，认真说明白："如果成功，希望我方也能获得相应的利益。"

正因为自己不愿技术让人家拿去，结果才真会让人拿走。相反，抱一颗高尚的心，"我把我的技术奉献给你们！"这么说的话，对方也不会无动于衷，至少大企业，不会做无底线的事。

越是莫名其妙的东西,看起来越吸引人

我最想说的是:不要把金钱和精力都投入到新事业中去,而是再一次回过头来,重建自己的主业。或许是结构性萧条,不能坐等订单,不能墨守成规,要想尽办法,提高过去一贯忽视的主业的周边技术。

最要紧的是加强销售的力度。虽说是萧条,但扩大销售范围,去那些新的地方,我认为,会有订单出现。

人们往往会看好那些莫名其妙的东西,特别是外行,更容易被吸引。因此,见到内容不真切、道理不明白,但看起来似乎很有趣的东西,我就会觉得是恶魔来了,自己要警惕,尽量不去注视。

开创这项新事业的难度,要大大超过增加液压装置订单的工作。既然有精力投入新事业,那么就应以更大的力量去做液压装置和它的周边装置的营销活动。希望你不要让新东西搞晕了头脑,而是要努力回归本业。

调动员工积极性的
七个关键

在饱和市场中如何生存

进军新事业的要诀

我们公司是经营大豆、米、饲料、食用油等食物的销售企业。我是继承父亲的工作,客户主要是豆腐行业、饲料行业、盒饭行业、包饭行业、餐厅等。

现在,由于进口自由化,物品的价格下降,销售额无法提升,经营非常艰难。同时,和饮食相关的市场已处于饱和状态,在需求方面很难期待有大的发展。

因此,我有两个问题。

第一,以饱和市场为对象的企业,想要提升业绩,你认为基本的思路是什么?

第二,对于中小型的销售企业来说,在开拓新市场或进军新事业的时候,最应注意的要点是什么?

> 回答
>
> # 钻研创新,磨炼强项

首先是磨炼自己擅长的技术

你的问题是:"经营着一个销售企业,这个市场饱和了,该怎么办?"正如你在第二个问题中所说的,必须开拓新市场、开展新事业。为达此目的,自己公司擅长的技术,就是特长是什么、强项是什么,要弄清楚,并且继续提升这种特长和强项。

比如,在柔道中,你的绝招是大背摔,那么就要把大背摔这一特技磨炼得炉火纯青。大背摔武艺高强的人,即是在只有一尺宽的席子上,也能膝盖着地把对方摔出去。就是要把特长磨炼到这种程度。

你们是商社,在销售力方面,本来就应该具备不亚于任何人的特长或者说强项。

说到开展新事业,因为过去只做过销售方面的工

> 调动员工积极性的
> **七个关键**

作，还得以销售力为基础去开拓新市场。在进一步磨炼销售力的基础上，去开展别的商品的销售活动。

从父亲一代开始就经营大豆、米、饲料、食用油等，"本来就是一个没有发展潜力的市场，而现在已经饱和，看看还有什么别的东西可以经营"。你这么考虑，但我认为不是这样。首先你是否应该认真思考一下，比如有关食用油的销售方法，真的只用过去的方法就足够了吗？

如果因循守旧，只用以往的方式去经营，事情也就到头了。包括员工在内，在销售方面要不断开动脑筋、钻研创新，应该这么去做。

如果从父辈开始，一直是相同的商品、相同的客户，只是一味重复单纯的作业，因而并不具备足够的销售能力，那问题就大了。在这种情况下涉足新事业，经营新商品，那就非吃大亏不可。

如果从父辈时代开始的经营模式可行的话，那么，克制欲望，首先把这种模式进一步优化，与员工们一起，考虑各种各样新的销售方法，拼命努力去磨炼自己的销售力。如果具备了充分的自信，当然就可以去经营新商品了。

思考销售方式，做出实绩

京瓷一直在从事太阳能发电事业，长期以来持续亏损。以前还做过设置在屋顶上的自然循环式的太阳能热水器，基本上也不赚钱。太阳能电池更是处境艰难，花去了大量的研究费用。

在连年赤字的情况下，我曾对当年的太阳能事业部部长发火："我如果年轻几岁，来当这个事业部长的话，很快就可以扭亏为盈，一年做几百亿日元的销售让你看看！"

太阳能热水器装在屋顶上，水会热得沸腾，甚至要加水冷却。按事业部人的说法，用电或煤气加热的水对皮肤有刺痛似的不良刺激，而由太阳能加温的水就很柔和，对皮肤有益。

但是,太阳能热水器不管做多少广告,还是很难卖出去,因为没有人来买,所以只有采用访问销售的办法。

我想,这里面就可以想各种办法,下许多工夫。

例如,"钱暂可不必付,试用后再说。请让我装上热水器,三个月内不收钱"。这么说服,让客人先用上。客人用了以后,因为每天出来的热水让人感觉到很舒服,大多数试用的家庭都会同意购买。

关于支付方式,可以采取分期付款,一个月付一万日元就行,便利客人购买。

如果对方依然犹豫不决的话,对于女性,还有一句"杀伤力"极大的话就是:"这里出来的水可以让你的皮肤更柔滑!"

更何况已经进入节约能源和保护地球环境的时代,"先生、夫人,由于你们的支持,你们也为保护地球环境助上了一臂之力呢!"说服的方法很多很多。

就是说,推销需要的不仅是商品,还有商才、智慧。只要有才智，什么都能推销。同时需要实绩，需要自信："要谈到卖东西，那没有人可以超过我。"

所以，不要认为"现在经营的大豆、食用油市场已经饱和了"。应该再一次认真彻底地思考销售的方式方法。

在饱和市场中，只有你一家公司发展成长，有了这样的实绩，今后就不必到特别困难的市场中去奋斗，只要运用你们的销售能力，经营新的商品就行了。

借口市场饱和，自己没有特长强项，也没有好的业绩，这样的公司如果不断出手去经营新的商品，一定会遭遇意想不到的挫败，希望你一定要慎重。

第 4 章

贯彻理念

调动员工积极性的时候,经营者要积极贯彻一些理念,在面对危机、制订计划、进行创新的时候,都要保护员工,为他们着想。

调动员工积极性的
七个关键

身处危机中经营者的心态和行动指针

曾想关门歇业

我们公司从事冲压模具的设计制造,制作冲压生产的周边设备。汽车的引擎盖、车门、行李箱、挡泥板等,制作大型模具是我们的专长。事业90%与汽车相关,还有10%是家电和产业机械方面的模具。

我祖父创业时,生产销售以铝制的家用金属器具和建筑五金的冲压产品,后来靠冲压家电产品的零部件扩展了事业。而且随着日本经济的快速增长,企业效益也一路上扬,企业发展十分顺利。

20世纪80年代又及时引进了CAD/CAM系统,增添了三元测定机和NC加工设备,坚决实行IT化,与汽车厂家同步,拥有相同的系统,这是我们的强项。我们可以从汽车厂家直接接受相关数据,然后转换成模具加工的数据就能加工生产,模具的加工精度大幅提高，这样就获得了具有高附加值的主体车身部件的订单。

后来，家电企业都把生产工厂转移到了海外，从事家电零件冲压的部门业绩下降了。我们通过从家电零部件向汽车零部件的转向，克服了这一困难。

1990年前后，同家电企业一样，汽车企业也出现了把工厂转移到海外的迹象，根据这种预测，我们也在海外设立了合资企业，并开办事务所，开始营销活动。但因受到经济泡沫破灭的影响，业绩恶化，出现了自创业以来的首次赤字，同时贷款也大幅增加。

当时的社长，就是我父亲，曾考虑过歇业，认为及时关门可以把对员工和客户的影响控制在最小限度之内。后来由于相关法规的修正，看到各汽车厂家开始开发新车型，才决定把事业继续下去。结果，高附加价值的订单迅速恢复，贷款全部还清，对困难时忍受了损失的员工们，也给了他们利益上的补偿。

调动员工积极性的
> 七个关键

　　此后,为了摆脱订单波动带来的影响,我们开始以制造工序为单位接受订单,把加工和后处理分开。这样做,即使制作模具的订单减少,业绩的下降幅度也不会那么大。当然,从长的时段来看,仍然不能摆脱整个行业结构性景气波动的影响,但现在,逐步能做到即使销售额下降仍能确保销售利润。

新班子集中在一起,制订中期计划

　　我小时候,父亲就带着我去公司的工厂玩。学生时代,每逢暑假、寒假,我都会到公司的工厂打工。学校毕业后,分配到技术部门,工作了两年,后经父亲的友人介绍,去一家不同行业的公司做事,回来后在销售部门工作。在一次经营会议上,父亲突然宣布,下一期社长让我来干,出席会议的人都吃了一惊。但不久经过股东会通过,我正式出任社长。因为是突然上任,公司如何定向,当社长要有什么精神准备,我都不清楚,我感到压力很大,非常不安。

尽管焦急,我想,作为社长,首先需要学习,于是就去参加各种培训班和学习会。此前,我只会算销售额多少、利润多少,只会把对自己公司有利还是不利作为判断基准,思想水平很低。有关事业的目的、意义等,压根儿没考虑过。但后来我意识到,让我心中不安的原因是:"我自己究竟打算怎么来发展这个企业?"这个问题我没有想清楚。

于是,我从当会长的父亲和当顾问的叔叔那里,再一次倾听了公司发展的历史,确认了创业者创业时的心迹。在此基础之上,我把新任的董事们召集起来,合住三天两夜,大家共同讨论和归纳集团的经营理念,同时制订三年的中期计划,确立五年、十年后企业的目标,描述那时企业应有的状态。

此后的两年,目标都如期完成。今年,因为受经济环境恶化的影响,预计目标难以达成,但还能确保盈利,因而大大增加了自信。

调动员工积极性的
七个关键

守城战

但是，这一次景气降到了谷底，谷底之深，前所未有，超过了父亲打算关门歇业的那一次。特别是汽车行业，全世界一起陷入了萧条，各汽车厂家一律中止了新车型的开发，或者决定延期。新车型停止开发，我们这种模具厂家就无活可干了。

业绩即将恶化的预测向全体员工通报；今后不参加削价竞争；削减经费；严格加班规则；一时回家待岗也成为选项。我们公开宣布这样的"守城战"，要求"全员团结一致，努力克服当前的危机"，测算必需的"军粮"，不够的部分向银行借贷。

但是，赤字额能压缩到什么程度，制订这种消极的计划，传递当前严峻的形势，一味宣传这样的内容，会不会影响全体员工的情绪和斗志？我又不免担心忧虑。

另外，上一次经营危机由于法规修正产生了商机——那是一场可盼望援军出现的守城战。可这回不一样，如果看不到经济环境改善的可能，我想只能下定决心歇业关门了。

面对这样的经营危机，经营者应有的精神状态和行动指针是什么？

• 回答 •

在预定的计划下，坚持守城战

中期计划的危险性

自己根本无法预测的景气变动一定会到来！我从年轻时开始就这么想。所以，我经营企业到今天，从来不去制订中期计划和长期计划。不制订中长期计划，我想是因为我有胆小谨慎的一面。

与其花工夫去制订不切实际的计划，不如全力以赴过好今天这一天。这样就能够看清楚这一周；拼命努力过好这一周，就可以看清楚这一个月；经过这一个月的努力，就可能看清楚这一年。所以即使要制订计划，至多也就是制订一年的计划，然后彻底完成这个计划。一年结束以后，再制订下一年的计划。就是说，只制订短期计划。

"没有中期计划，就不能登经营的大雅之堂。"许多人这么说。但是，从来不做中期计划的京瓷，现在已经发展成为年销售额一万几千亿日元的国际性的企业。我的后继人基本上也按照这个方针在经营。只确定年度计划，我们称为"Master Plan"，然后付诸实行。

为什么只制订短期计划呢？因为制订了中长期计划，依据这个计划，销售额要增长的话，就需要相应的人员，需要相应的设备，这样就会投资先行，这就让人担心。投资了，预期的订单却根本没来，很快就会陷入赤字。为了防止这种错误发生，所以我不制订中长期计划。

特别是模具加工业，只有客户的订单到了，才有工作。只根据自己的情况一厢情愿制订的计划，根本不可能兑现。所以，我认为制订中长期计划是很危险的。

制造设备的行业，业绩的波动很大

另外，像模具这样的产品，单价很高，制造这种产品的企业的业绩，波动性一定很大。

例如，半导体的制造装置，只有具备全世界最优秀技术的企业才能做，一台的价格就要数千万日元甚至数亿日元。当半导体需求旺盛的时候，对这种装置的投资也会增加，大金额的订单涌来，销售额短时间内迅速攀升。但当半导体供过于求时，所有的订单都会停下来。

这样的话，已经着手在做的半导体制造装置，客户也会叫停："因为现在不需要，所以请等一等！"一等就是两三年。这么一来，即使著名厂家，业绩也会大幅波动。

过去，英国有一家非常杰出的制造医疗器械的企业，生产搭载复杂软件和高性能电脑系统、能够做精确医疗诊断的机器，一台的价格就高达数千万甚至数亿日元。本来只是一家制造小型医疗器械的企业，正是因为这种高性能机器畅销，而快速成长，雇用的工程师达几千人之多。

但是后来，其他公司开发出了替代它的新机器，这家著名企业的销售额转瞬间一落千丈。曾以拥有数千名工程师和巨大销售额夸耀的公司，一下子就萎缩凋落了。

设备装置产业总是与这种风险相伴，模具也一样。当汽车不断畅销、新车型接二连三不断开发的时候，订单不断进来。但当经济不景气、汽车滞销时，业务马上就萎缩了。

坚持守城战，保护员工

为了度过这个危机，你准备打守城战。同时，为了生存，必须节约经费，减少人工费用。但仅仅做这些

第4章 贯彻理念

还不够。你是这么说的。

像你们公司这样,有技术熟练工的行业,第一就是要保护员工。无论发生什么情况都不能舍弃员工。为此,在必要时从经营干部开始减工资,采取各种办法,努力让企业生存下去。

为了同全体员工一起努力,度过当前这个艰难的时期,测算必要的"军粮",不够的部分向银行借贷,做好准备,这是很明智的做法。但要更加节约,要做好忍受长期萧条的准备。例如,当经济良好时,如果做到20亿日元的销售额,利润率10%的话,就是2亿日元利润,扣除税金,实际剩下的不足1亿日元。问题是怎么把这一亿日元作为内部留存储备起来,为应付萧条做好准备。

我总是说:"做不出10%的利润率,就不能说是正常的企业经营。"就是说,有了高利润率,才能增加企业内部留存以防不测,不管怎样的萧条降临,企业都可以承受而不至于垮掉。

前面讲到,制订三年、五年的中长期计划,投资先行,销售额的增长却无法保证,这样的经营就非常危险。经营必须脚踏实地,有了利润就要增加内部留存,这样来预防萧条。

做事业往往难以称心如愿,常常会出现意外的情况。这么严重的萧条袭来,似乎是上天故意欺负自己、同自己作对。希望你们务必忍耐,在硬着头皮熬过这次萧条以后,还要为应付下次的萧条做好准备,也就是要做好足够的储备。

只有萧条时才能发现的"新事业的萌芽"

另外,在熬过这场守城战时,还应该做什么呢?

在经营艰难的时期,领导者应该站到第一线,拼命努力,削减各种经费。但是,仅仅这样还不够,不能消极等待、无所事事。周围可能有的订单,要尽全力去争取。金属加工是专长,那么可以做的不会只限于汽车车身用的高级模具,要发动全体员工从别的领域争取订单。

"价格不高的模具,如果质量好,我们这方面有需求。"如有这样的机会,可以设立相应的部门,把新的需求纳入事业计划之内。越是在萧条期越要努力拓展业务范围,或发现新事业的萌芽。

咬紧牙关,努力坚持,一定要熬过这个困难期。

决心裁员对吗

硬起心肠,实施裁员

我们公司开发销售按户出售的公寓住宅,事业在全国展开。父亲创业,我是第二代。出任社长后,准备上市,后来环境剧变,上市中止。由于规模很大的住宅开发公司纷纷破产,我们受到很大冲击。如果不采取紧急措施,我们公司也会陷入赤字。这半年来我们辞退了将近100名员工,在这过程中可以说泪水涟涟。

要不要实施裁员，我伤透了脑筋

在我当社长之前，究竟应该怎样来经营企业，自己怎样才能当好经营者，我曾深感忧虑。经过一年的努力，我才确立了作为企业基础的经营理念，把企业的经营目的确定为"三位一体，实现顾客感动满足、员工感动满足、公司永续繁荣"，把追求员工物心两方面的幸福当做自己的使命。

常常与员工们一起喝酒联欢，我引用过别的社长的理念："搞裁员的社长应该下台！""只要公司有钱，决不解雇员工，保证大家有饭吃。"我说，"我也要成为那样的社长。"但话说出去还不到一年就要裁员，不但员工中出现了混乱，我自己心里也乱了。

作为创业者，父亲严厉命令我"要坚决裁员！不可犹豫"。我接受不了，一度曾决定辞职。但是，大家劝我不能半途当逃兵，让企业活下来最要紧，我不得不硬起心肠裁减员工。

"你老是把'理念'、'利他'挂在嘴上,追求理想主义那是一厢情愿。房地产行业起落沉浮非常剧烈,就要雁过拔毛下手快。你要懂得应变,适应形势。"当父亲这么说的时候,我很受震撼,觉得他说中了要害。

与经营理念相悖的决断

这次裁员的决定同我揭示的经营理念相矛盾,直到现在我也不知道正确的做法是什么,一心想的就是怎么让企业生存下来。

公司经营顺利的时候,"就能实践顾客满足、员工满足,这两者满足了,公司自然就会顺利发展"。我虽然这么想,但现在情况变了,公司生存变成了第一位,其次才谈得上顾客满足、员工满足。

"读书读书,把头脑都读傻了。经营企业不是儿戏,理念能当饭吃吗?"父亲的这些话果真正确吗?确实,现在不是唱高调的时候,应该采取行动让企业生存下去。我首先必须考虑下面该做什么事业。

总之，把本行坚持下去，并让新事业走上轨道，才能把裁员控制在最小范围之内。在这种情况下，作为经营者，应该如何思考、如何行动？

- 回答 -

实行裁员也要贯彻理念

这时候重要的还是理念

你在当社长之前就认真学习，重新制定了经营理念，并努力与员工们共同拥有这一理念。"把保护员工放在第一位"成了你的口头禅，只要让员工满足、感动了，就能让客户感动满足，这样企业就能长期繁荣。你是这么想的。

但是，由于萧条，你裁减了百余名员工。你觉得理念和现实出现了很大的矛盾。尽管嘴上讲了许多好听的话，但因为实施大幅裁员，你自己也觉得头脑混乱了。

第4章 贯彻理念

"读书读书,把头脑都读傻了。经营企业不是儿戏,理念能当饭吃吗?"你对父亲的这些话感到非常困惑。这不是你一个人的问题,是所有遭遇萧条的经营者共同的问题。因为你珍视员工,你父亲又讲这样的话,所以你的烦恼就比别人更加深刻。

确实,你制定了理念,向员工们阐述这个理念,然而不到一年就做了与自己揭示的理念完全相反的事。因此你又觉得父亲说的有道理。但是,你如果真的要守护员工,那么就应该对你父亲说,即使在这种情况下,理念仍然是最重要的。"我是从内心要善待员工,善待员工,员工就会善待客户,这样企业才能持续发展。我现在仍然这么想。裁减100名员工或许同这个想法相矛盾,即使如此,我守护员工的心情不变。也许别人会说我一张嘴、二层皮,言行不一。对我自己的缺点和不足,我会真心向员工们表达歉意,获得他们的原谅。但我不会改变自己的理念。"

出于大义的裁员与理念不矛盾

一直强调要守护员工,但萧条袭来,要全部守护,已经是力不从心。在这种情况下,比起让所有的人都流落街头,不如挥泪辞退100名员工,剩下的员工无论如何要守护好。这么去想,把剩下的人照顾好,这才是正确的做法。

你这么做,不是随意扭曲理念,不是损人利己。你是为了守护留任的员工,所以同理念没有任何矛盾。正因为要贯彻理念,才会挥泪辞退员工。

当遭遇萧条时,或许有人会说:"空谈理想主义无法经营企业。"然而,理想是必要的。揭示崇高的理念,这是经营企业绝对必需的。不然的话,采取机会主义,随心所欲地去经营企业,到时一定会碰壁。

你是因为受良心的谴责而烦恼。那烦恼就烦恼吧,应该烦恼。但是有一点,就是"不可有卑怯的举止"。这一点一定要有自信。

一定要坚持。让100人遭遇不幸，这一点应该烦恼，但这是为了守护留任员工而不得不做的。已经揭示的理念决不能动摇，一定要贯彻下去。"我认为，我制定的理念现在仍然是正确的，今后也一定要贯彻下去。"这个话你必须对你父亲讲，也应该给员工们反复讲，直到他们真正理解。

做人的基本理念就是为友人着想

我经常唱《战友》这首歌，（真下飞泉作词，三善和气作曲）其中有如下一段歌词：

在枪林弹雨之中，

邻近有一位我的战友。

"吧嗒"一声他突然倒地，

我不由得跑到他身边。

军纪虽然严厉，

但岂能见战友死而不救。

"你要挺住！"我将他抱起，

调动员工积极性的七个关键

给他包扎,在子弹的呼啸中。

这时冲锋的命令响起。

战友微微抬头,眼中闪着泪光,

"不要管我,不要回头,为了祖国!"

心虽向着战友,身体却必须向前行进。

"那我就去了!"告别战友。

这或许就是永别。

战斗结束已黄昏,

回头寻觅心祈愿,

请你一定活着啊!

口中念叨,愿却难遂……

在鏖战中,看见邻近的战友中了敌方的子弹倒在地上,不由自主奔了过去。抱起他,鼓励他挺住。在激烈的战斗中,一般无暇照顾伤员,但又不忍心将他丢弃不顾,所以在枪林弹雨中给他做了简单的包扎。

但是在抢救战友时突然听到冲锋的命令。战友噙着泪水说,"为了祖国,不要顾我,向前冲吧"。那么,

"等一会再来找你吧",继续参加战斗。战斗结束已是黄昏,待回头寻找时,战友已经死去。这首歌唱的是,为了守护国家这一大义牺牲战友而不救。

在战场这种生死线上行走的人,珍视战友乃是最高的理念,是人性最重要的体现。

"必须救助战友",在企业里就是"必须守护员工"。在坚持这一理念的同时,在遭遇萧条时,为了让公司生存下去,在迫不得已的时候,也只能硬起心肠。你是在守护企业这一大义面前,因为无力保护所有的员工,才不得不裁员。我认为,你只要对现有的理念抱有信心,坚持下去就行了。如果能将这一优秀的理念贯彻到底,公司就一定能够克服萧条,创造新局面。

没有利润也该付奖金吗

因燃料费涨价,付不出奖金

我们公司从事运输业,现在废除了过去的发放奖金的办法，建立了按绩效分配奖金的制度，从销售收入中减去燃料费、通行费等成本，剩下的50%作为人工费支付。

但是，现在的经营状况是，燃料费用高涨，公司已付不出奖金。

我想请教你对奖金的看法。企业没有利润，还该支付奖金吗？还是该请员工忍耐呢？

我准备与工会人员交谈，我觉得很困惑。这个问题应该怎么思考才对呢？

• 回答 •

抱着诚意讲实话，取得员工的理解和协助，除了与员工一起改善之外，别无他法

你的问题是："经营很艰难，照过去的办法已付不起奖金。即使没有利润也一定要支付奖金吗？"

当然，即使没有利润，如果过去有积蓄，仍可以适当支付一点。这时候，应该满怀诚意，这么给员工们说："如果只看今年的业绩，奖金就付不出了。因为过去有些积余，虽然不多，还是想支付给大家。但是，如果今后还是这样，把储蓄花光了，企业有可能破产。按目前的状况，企业难以继续经营下去，所以希望大家齐心协力，想方设法，合理安排工作，开源节流。"

如果企业一点积余都没有，就不能再付奖金。这时候，首先，要实事求是地把企业的困难毫无隐瞒地向员工们讲清楚。"我知道大家都想要奖金，但情况如此，请你们务必忍耐"。这样的话要反复讲，直到员工们理解接受。然后还要说："今后为了避免这种情况重演，我打算进行经营方面的改革，请你们一定要配合。"

在员工了解经营实际状况的基础上，今后通过合理化，用尽可能少的费用完成相同的销售额。我认为，只有同员工们齐心协力、不断改进之外，没有别的办法。

调动员工积极性的
七个关键

说"绝不能让公司垮掉!"口气要坚定

我经营企业,不藏不瞒,让员工知道实际的情况,提高透明度。"销售额多少,人工费多少,燃料费要花这么多,减下来有多少利润",这样的经营状态要让员工们都知道。

将这些真实情况向员工们交代清楚,怀着爱说服他们,让他们明白。这样的话,一般来说,如果是企业内部的工会,绝大多数人都会理解。

不管员工说什么过分的话,"绝不能让公司垮掉!"说这话时口气要坚定,态度要沉稳,这是很重要的。

第 5 章

培育后人,继往开来

经营者必须注重培养组织里的人才,用经营哲学帮助员工成长,对各种经营数字要敏感,必须持续努力。

怎样培育接班人

"破产"二字曾在我头脑中浮现

我们公司是典型的家族企业。在日本，中小企业在股票没有上市的情况下，企业负责人要做个人经济上的连带担保。这种担保在我们这种流通行业，不但在向银行贷款时需要，而且在从供应商进货时，有时候也需要这种担保。因此，在员工中即使有非常杰出的人才，要将他提拔为社长、让他承担这种担保责任，也十分困难。有鉴于此，我考虑让长子接班。

我公司是经销上下水道等有关用水资材的商社，也做机器设备的安装和工厂设施的工程。现在除总公司外，还有六个营业所、卫星店。当初我父亲创业时，县里的自来水普及率在50%以下。随着自来水迅速普及，公司也快速成长。

但是随着销售额的上升，发生了许多坏账。其中我们最大的一家客户设备工程公司提出破产申请时，因为我们公司持有其大量债权，损失惨重，破产二字曾在脑海里闪过。在相关各方的支援下，总算逃过了一劫。当时员工们一边心怀不安、一边默默坚持工作，那情景我至今难忘。在今后的经营中，我会一如既往，重视人际关系，重视与员工之间心和心的交流。

今后，为了摆脱亏损，尽早实现盈利，我和员工们开始一起学习和实践稻盛的《经营十二条》。同时，回到流通企业的原点——把相关物资及时高效送达到位。为此，在构建物流系统方面也下了工夫。为了强化与主要客户之间的信赖关系，我们设置了发表公司决算报告和经营计划的场所。

但是，从销售额达至顶点的那一年开始，公共事业的预算大幅压缩。作为企业生命线的自来水管道的预算也逐年减少。考虑到压缩公共事业的趋向今后还将持续，我们积极培育了一个新的核心业务，就是住宅设备机器销售，以满足用水设备翻新改造方面的需求。

很幸运，在这个新的领域中销售额增长，刹住了整体销售额滑坡的趋势。开展这项新业务，在物流方面要求非常细致，而这正好是我们公司的强项，这样企业的利润率也上升了。

为了把长子培养成接班人

长子大学毕业后，先在与建设相关的商社做了四年营销方面的工作，积累了一定经验后，进入本公司。第一年在总部的仓库和营业所，担任商品的出入库及商品管理工作。然后，在渠道销售方面负责与客户交涉。虽然大家都晓得他要继承社长职位，但现阶段在待遇等方面，他与一般员工没有任何区别。

长子与我同住，在工作和经营方面比较听话，没有抵触情绪。《经营十二条》的学习让他与干部一起参加，他也能主动与上司和同事交流。

但是，他还没有处在工作的漩涡中心。他能理解和体谅别人的弱点，具有亲切和蔼的一面，但从另一个角度看，这也是他的弱点。

我父亲喜欢独断，我正好相反，倒好像是员工代表，常常在经营上与他争论。在这过程中，父亲会说"既然你这么讲，那就做给我看"，放手让我负责，虽然我总是失败连着失败。

作为接班人，最重要的是要取得员工们的信任。我要求他在这方面做出努力。今后，准备让他当董事承担责任。让他当干部，要他负一定的责任，相信他会成长。同时我还考虑在长子周围，包括比他资格老的干部以及他的同伴中，培养董事接班人，以便形成新的领导人班子。

今后，为了把长子培养成合格的接班人，作为社长，也作为父亲，我应该注意什么？应该具备怎样的思维方式？希望给予指导。

• 回答 •

在学习经营哲学的同时，要学会使用经营数据

调动员工积极性的
七个关键

掌握哲学

在作为经营者拉动企业时,最重要的是:他对于经营具备怎样的见识。按照我的观点,在经营中哲学非常重要,要把力量花在学习和实践哲学上。就是说,如果社长面对员工只会说:"干活!加油!你这种态度不行!"光讲这些干巴巴的话,是无法激励员工们与你共同努力奋斗的。重要的是,必须明确,作为经营者,你究竟准备如何经营企业。

首先"我是为了这样的目的,想要做这样的事,为此,我要以这样的思维方式来经营企业"。就是说,要给员工们讲清楚自己经营企业的思维方式。

"如果社长抱这样的想法,做这样的事情,那我也赞同。在这样的社长带领下工作,我很开心,我也愿意跟着社长一起干"。就是说,社长的想法和方针必须获得员工们的赞同和支持。

而要做到这一点,就需要哲学。听说你儿子现在也在学习《经营十二条》,这当然很好。但是,即使学习了，在头脑里理解了，却并不能真正掌握。我想，不遭遇冲击性的事件，一般情况下，人很难真正掌握哲学。

例如，碰到企业破产这类严峻考验时，学过的东西容易掌握。在富裕宽松、平稳安定的环境中，你给他头脑里灌输这些东西，他左耳朵进，右耳朵出。不能掌握，不能变成自己的东西，当然不会使用。哲学在社长身上没有血肉化，无论社长嘴上怎么讲，员工也不会明白。

但是，如果社长讲的哲学具有说服力，能让员工理解，员工都会被点燃。"明白了，如果社长这么想，我们就跟着你干！""社长，我从内心想要协助你，让我们一起把企业搞得更好。"出现说这种话的员工，这非常重要。经营的要诀就是要让这样的员工增加，哪怕只增加一名。

在我写的《阿米巴经营》一书中，谈到了全员经营，就是让全体员工都参与到经营中来。全体员工都能够参与经营，就意味着全体员工都拥有、都理解了哲学。能够做到这一点，经营者就会心情舒畅。因为过去只有自己一个人操心企业经营的事，现在员工们都在操心，都在为搞好企业动脑筋想办法。志同道合的同志增加了，社长的心情当然就舒畅了。

员工们有了这种意识之后，再向前进一步，当然需要时间。这要求员工站在与经营者同样的高度来思考经营上的问题。

这就是培养具备经营者意识的人才。你要让儿子当接班人，首先他必须成为有经营者意识的人才。

隐瞒数字就无法培养人才

为了具备经营者意识，不仅需要哲学，而且需要共有经营数字。

在阿米巴经营中，要做出分部门独立核算的利润表，并发给全体员工看。你的公司有分店，每个分店的损益情况必须让大家都看到。同时，在看各个部门核算状况时，各个部门或分店的销售额、毛利、费用及利润等，不仅要让各阿米巴长和部门长知道，而且要向包括钟点工在内的全体员工公开并做出说明。

将公司详细的经营内容向员工们作说明，一般的公司都很忌讳这么做。如果公司的利润公开以后，员工可能提出非分的要求："既然利润那么多，给我们加工资吧！奖金也该增加一点。"因为对员工有这样的顾虑，所以经营者很忌讳公开经营数字，这是一般的情况。

但是为了培养具备经营者意识的人才，必须让员工的想法和心情同经营者保持一致。为此，就要公开披露核算状况，让大家都能看到经营数字。隐瞒企业的真实情况，就无法培育具备经营者意识的干部和人才。

公司经营情况良好的时候，也没有必要隐瞒数字。"今年虽然做出了500万日元利润，但将近一半要交税，手头剩下不到300万日元。今后要开新店，要聘用新人，都要用钱"。或者说，"为了预防经济不景气，企业不能弱不禁风。所以企业必须有所储备"。只要向员工们做出说明就行了。现在京瓷持有的现金，可以购买一两家大企业。我经常对大家说："哪怕大萧条降临，京瓷依然能生存，大家不必担心。即使订单为零，京瓷的储蓄也足够让大家几年中照样有饭吃。"这样的话必须讲给员工们听，不进行教育，就无法培养具备经营者意识的人才。

为了做到这一点，就需要数字。光靠哲学不能经营企业。因为没有数字做证据，经营无法推进。这里所谓的数字，就是利润表，这里讲的利润表，是指分部门核算的数字。需要用数字和哲学两者一起来推动经营。

让儿子在现场学会计

你可安排你的儿子到你们公司算账的会计师那儿学一年半载的会计，学习如何记账。每天的工作中都要填写传票，根据这些票据做出利润表。就是说要学习簿记和会计，不理解数字就当不了经营者。

公共事业不断减少，销售额下降的同时，利润率也下降。这样的数字不仅对你儿子，而且对当社长的你也是一个大问题。必须把利润率提上去，培养出了分部门核算的、具备经营者意识的员工就应该能够做到这一点。

重要的是，通过分部门的独立核算，全体员工都把数字看作自己的问题，并采取行动加以改善。你现在让儿子进入领导班子，进入实战训练，这是好机会。他虽然还年轻，但当上董事，可以与父亲共同努力提升企业的收益性。不懂数字的经营者是不行的，要让他懂得这一点。

做水道配管方面的生意，或许毛利率很低，但削减经费和人工费可以提高利润率，这不仅当社长的你要彻底思考，而且要让儿子同你一起思考。还有，为了培养将来与你儿子一起经营企业的干部，现在让他们一起参加学习也是好办法。

为了教会你儿子懂得没有数字就没有经营这个道理，你也一定要带着你的儿子一起，把自己的企业变成一个高收益的企业。

对上市抱持什么态度

正在努力争取上市

十几年前，我们公司就从一家陶瓷商店变成home center（日常生活装饰用品商店），主要经销日用品、家庭用品，现在三重县里有16家店铺。最近，准备增加食品项目，想变为购物更加方便的一种新的业态，公司上下正在团结一致，争取尽早上市。

但是，随着对开店限制的放宽，出于意料之外，开店的竞争日趋激烈。因价格竞争导致价格混乱，利润变得难以确保。我们公司除了应对价格竞争之外，在服务体制、商品品种、促销活动和降低盈亏平衡点等方面，都采取了措施，与员工们一起，在经营管理上呕心沥血、精益求精。同时以"要谦虚、不要骄傲，努力再努力"为座右铭，不懈奋斗。

在这个行业里已经有上市企业，但股票上市以后，却业绩不佳，特别是在经营效率方面，80%以上的企业，上市后的销售利润率下降到了上市前一半的水准。

究其原因，一般认为，他们在销售能力和管理水平并未达到应有水平时就急于上市。或者说，上市的时期过早了。

思考上市时的三个问题

在这里我想提三个问题。

第一个问题：上市的判断基准有哪些？

如果说是因为上市过早而引起上述问题，那么，作为经营者应该以什么为基准来判断销售能力和管理能力已经达到了上市的水平？

特别是零售行业，与其说是在全国范围内竞争，不

调动员工积极性的
七个关键

如说是以地区为单位展开竞争。只要在这个地区竞争力强,销售利润率就能大幅提升。相反,如果有收益率更高的企业介入竞争,销售利润率就会急转直下。所以,只以销售利润率作为判断强弱的基准,就显得非常牵强。

第二个问题:是否应该让供应商持股?

让供应商持股,对上市后股票的稳定有一定的作用。但我认为对供应商的评价,应该以他们所提供的商品和服务的好坏来确定。如果让供应商成为股东,那么,在他们供应的商品和服务失去魅力之后,要中止与他们的交易就可能会遇到困难。

第三个问题:面临上市时,员工应有的资质是什么?

股票上市是企业发展的一个里程碑,要设定企业的愿景目标、明确企业的社会使命、处理好经营者不利于上市的个人的有关问题等,日常该采取的措施我们都做了。但是由我看来,中层干部的士气还差一截。例如,深入追究问题的意识不足;对达成目标预算的意志不够强烈；在自我提升方面的主动性也较差。

这是因干部与经营者立场不同，而无法强求的问题呢，还是经营者需要努力加以改变的问题？请给予指导。

> • 回答 •
> # 如果缺乏自信，就不要上市

判断基准在于你有没有自信

第一个问题，"因为上市时期过早，上市后利润率下降，股价也下跌，因而提出以什么为基准，来判断上市条件，判断是否已经具备足够的营销能力和管理能力"。将企业的税后利润除以已发行完的股数，就是每一股的利润。大体日本股市的股价是这一数字的二三十倍。发展前景良好的高新技术产业，有50倍的，甚至有高达七八十倍的。上市前每一股的利润决

调动员工积极性的
七个关键

定了股价,上市后下降,股价就会下跌,买了股票的人就会遭到损失。为了不出现这种损失,就要正确判断该公司的销售能力和管理能力。那怎么才能做出正确的判断呢?问题是这么提出的。

但是,像每一股的利润这样的数值,不能作为是否上市的基准。关键是你自己有没有自信。行业间的竞争今后依然会继续激化,这时要确保利润非常困难。重要的是你公司的经营战略。从你自己迄今为止的经营中看,在各种情况下,你能不能维持并提高每一股的利润?

判断基准在你的心中,是你心中的自信。企业经营的结果由经营者决定,这一点也不错。举个例子,比如你去银行贷款,银行会问你:"你们真的能按计划顺利推进吗?"银行还会问你各种问题。这时你说:"我打算如此这般地经营企业,因此请你们相信我。"有银行人员会这么说:"你说请银行相信你,但银行怎么能轻易相信你呢?你能证明你们的计划一定能实现吗?"

要求证明，但这种事是无法事前证明的。

因为这完全决定于经营者的意志。经营者的自信，或者可以叫做经营者贯彻实现自己意志的力量，也就是"洞穿岩石般的坚强的意志"。只有这种意志才是唯一值得信任的东西。朝着上市的方向，大家一起努力，表达这种积极奋进的姿态很有必要。但最重要的是，经营者对上市是不是真正具备自信。

上市的时候，购买新股票的客户也一定会审视经营者。证券分析师、股票评论员，他们一定会采访作为企业领导者的社长，并对社长进行评价。他们要看透这个企业的社长，作为经营者，他是不是一位杰出的人物，是不是一位真正能干事的人。

在 home center（日常生活装饰用品商店）这个行业里，我想你有各种战略。竞争激化会导致价格下降，甚至消化不了成本，这时候，采购就变得非常重要。我觉得，需要有比行业内其他公司略高一筹的采购方法。

交易对象不是稳定的股东

第二个问题是，在上市的时候，是否应该让交易对象成为股东。

在企业股票上市时，证券公司一定会提出，让主力银行等交易银行、员工以及交易对象持股。目的是让股东保持相对稳定。创业者一个家族持有全部股份的企业是不能上市的，必须扩展持股的范围，让更多的人持有股份。但是股票如给某家包购，上市企业就可能大权旁落。为了防止这种情况的出现，就要请能够稳定持股的企业持股，他们不会频繁地将股票买进卖出。

正如你所担心的那样，让交易对象持股当然可以，但企业同交易对象的关系并不是永久不变的。如果交易对象的东西价格过高，那就必须停止同他的交易，而寻找更便宜的交易对象。现在同他们交易，但将来如何不一定。你担心这一点，所以提出来问该怎么办。

你的担心是对的。我在上市时，证券公司也那么讲。我同你的想法一样。如果今后一直从他们那里进货，或许可以说关系稳定。但是，如果那样的话，买卖双方都可能产生依赖心理。"因为我持有他的股份，他当然该从我这里买。"有这种想法，他们就会放松学习和努力。同这种对象持续做生意，自己也会走下坡路。

所以，我认为不让交易对象持股为好。当然，大企业或接近垄断的大企业另当别论。一般的交易对象并不是稳定的股东。还有，你的店面如果是租别人的房子，那么可以请房东持股。虽然房东也是交易对象，但房屋租金有行情，交易价格由行情决定。

另外还有一种观点认为，"今后不可能再有稳定的股东"。在泡沫经济崩溃以后，连金融机构也宣告，自己持股的目的是为了出售。上市前表示愿意持股，但股价上涨就准备卖出。因此我认为连银行也不能视为稳定股东。

因此除了创业者一个家族之外，不存在所谓稳定的股东。应该以此为前提去经营企业。在这种情况下，即使有人多买多占一点股份，也不必担心大权旁落。

但是，如果无论如何都希望有稳定的股东持股的话，那还是金融机构和大企业比较可信。他们不用出售股份也能过得很好，选这种单位比较稳妥。如果是小企业，一旦自己的经营情况不好，不出售股份就活不下去了。

不满可以，但要持续努力，不要性急

最后一个问题，面临上市，感觉干部员工在认识及士气方面不尽如人意。这是因为他们与经营者立场不同而产生的问题呢，还是经营者努力不够所产生的问题呢？

答案是：应该认为这是因为彼此的立场不同而产生的问题。如果有像你一样拼命干活的干部，那当然最省事了，那个人也就成了经营者。毕竟经营企业的人和被雇用的人是有差异的。当然，员工中也有具备经营者意识的人,但是,大多数人只持有被雇用的意识。

那么,这样下去就行了吗?那也不对。还是需要进行教育。教育了多次也没什么改变,强调加紧学习也学不进去,自觉性还是不高。你对员工一直感到不满,但是不要灰心,不要借口立场不同所以没办法了,还是要不厌其烦,同他们交流,与他们一起学习。

不要急躁,必须进行坚韧不拔的努力。这样的话,员工们会向你靠拢一点。要员工达到像你一样的程度,那不可能。但向你接近、靠拢是可能的。

在这过程中,最重要的还是经营者自己必须努力。所谓经营,首先是经营者的工作。经营者要付出不亚于任何人的努力。与此同时,教育员工也很重要,要求他们以同自己一样的心情投入工作。这样的话,工作一定能做得更好。

经营者的努力可以改变员工

从结论来讲,作为公司领导者的经营者,在企业里

> 调动员工积极性的
> **七个关键**

必须勤奋工作，努力不亚于任何人。反正员工正在努力工作，自己不妨稍微轻松一点，经营者或许会有这种想法。但这是不对的。

"为什么自己要如此辛苦，如此拼命工作呢？"我也曾经这么想过。打算轻松一点，所以付高薪聘用了干部，但这些人却骑在了我的背上。小时候做骑马游戏，曾让弟弟妹妹骑在我的背上。同儿时一样，"为什么要让你们骑在我背上呢"？本想骑在你们背上，才高薪聘用了你们。但不知不觉中你们却骑上了我的背，还指指点点，"社长往那儿、往那儿"。

录用优秀人才，成为我的左膀右臂，可以让我过得轻松一点，我本是这么打算的，结果却不能如意，什么事情还都要我操心，饭都要由我来提供。真有点郁闷，有无可奈何之感，但这却是经营者的宿命。

经营者必须比员工更加辛劳，但又不可因此发牢骚，不能朝员工发脾气："你这个饭桶！"即使内心真想骂，话已经冲到嘴边，但决不能脱口而出。经营者面对想骂的人，还得说：你来到我们公司努力工作，我感到很高兴。同时自己亲自去吃苦，去解决问题。

没有任何人可以商量，一切责任都由自己肩负

还有，经营者是孤独的。

在准备上市时，经营者会担心：现在的良好业绩今后还能保持下去吗？员工们愿意跟我一起去实现企业制定的目标吗？经营者总是抱有各种各样的烦恼。

另外，同行业有企业虽然上市了却业绩不振、股价低迷。自己不想学他们，那种不体面的上市没什么意思。既然上市了，今后更应该持续发展。为此，各种经营课题逼着你要做出正确判断。

你有时还可以向我提问，但在员工中却没有一个可以商量的人。所以说，经营者是孤独的。

经营者真的没有任何人可以商量，一切责任都得由自己单肩独挑。比别人倍加辛苦，同时决断还必须自己来下。孤独感不好受，却必须品尝。我经常对经营者各位说:"养活哪怕10名、20名员工,都是非常了不起的事情。"就是说守护员工的生活,让大家有事做、有饭吃,是了不起的利他的行为。以关爱之心帮助别人,这是高尚的事情,虽然非常辛苦,但希望你们抱着自豪感继续努力。

用分公司的方式能提高员工的积极性吗

与员工在认识上的差距以及今后的计划

现在我经营着A公司B公司两个印刷企业。B公司设立的目的,是为了在印刷物需求比较集中的地区接受订单。B公司没有印刷设备,接下的印刷业务经过设计后,将它数据化,再传送给A公司,然后由拥有设备的A公司印刷,工作流程就是这样。B公司的成长与A公司的成长相关联,所以组织上虽然分为两个公司,但实际上是一心同体的兄弟公司。

B公司已成立了六年，业绩一直不太理想，感觉员工和我之间有隔阂，想法不太一致。

第一个想问的问题是：究竟怎么做，才能把大家的心凝聚在一起，形成团结向上的公司风气。

第二个问题，我自己觉得经营企业其乐无穷。我希望公司里有更多的人能品尝到这种快乐。我想，不是用我的儿子，而是在员工中挑选B公司的下一任经营者。

另外我还打算再成立一家公司，接受名片、明信片等小件印刷品的印刷，并以店铺的形式展开。现在还只有一个小店，由我儿子和两名员工在做。因为利润率高，今后不仅接待来店客人，还准备主动开展营销活动，以求扩展客户。同时，还可以起到A公司营业所的作用。

A公司做商业印刷，B公司负责多媒体制作，再加上制作小件印刷品的店铺，三个公司各有自己擅长的领域，各个据点的营业活动又可以相互补充。这样三家公司都可以变为成长性较高的公司。推行这个计划，今后应该注意的要点是什么？请予以指导。

思维方式的共有不顺利

这里我说一说提问的背景。

创立A公司时，主要业务是以活版印刷方式印刷传票。现在，则以商业印刷为主体，擅长印刷小批量、高品质的彩色印刷品。但是，考虑到要进驻印刷消费集中的地区，我把当时只有我一个人的营业所拆分，设立了B公司。启动多媒体制作事业，是想让B公司做到单独核算就能盈利。

每年，A公司和B公司共同发表经营方针和经营计划。另外，还制定详细的作业操作书。对年轻营销人员的教育由我亲自担任。

但是B公司员工的工作状态总难令人满意。B公司的负责人个人的销售业绩不错，但其他年轻员工虽然每天也工作到很晚，但都是忙于眼前的事务，业绩却没有提升。

另外每月有一次，星期六举办可以自由参加的研修活动。A公司几乎所有员工都参加，但B公司经常是全员缺席。我认为，企业不仅需要提高销售额做出利润，不仅需要经济上的合理性，也需要有关人性和社会性的哲学。而迄今为止，对这种必要性认识不足，是B公司员工出席率低的原因之一。另外，B公司负责人工作特别忙碌，在研修日还总是与客户交流交涉，极少参与研修学习。这也造成了影响。为此，我不再亲自主持研修，而是请外面的专家顾问。而且，把研修改在正常上班时间内进行，每个人都必须参加。我打算，今后还是要举办我亲自主持的研修会。

怎样才能改变分公司员工的意识和行为

我每周三天去B公司上班。但是，B公司的负责人总是巡回拜访客户作销售，没有宽余的时间同我做充分的交谈。销售目标由包括这位负责人在内的三名销售人员承担，但这位负责人一个就要承担1/2。他必须全力以赴、完成自己的指标，对部下的管理指导则无暇顾及。

另外，对现有客户的送货交割也颇花时间，所以有关新提案的活动，以及新客户的开拓也几乎没有开展。为了保证营销活动的时间，我提出设立一个专门的部门，由设计人员到现有客户处上门商谈，但这项工作进展也不顺利。

在创建B公司时，我希望创办一家理想的公司。所谓理想的公司就是："不为形式、规则等框框所限制，充满自由的气氛，每个人都能自由自在、从容不迫地工作。"但是，我的这个想法可能是错误的。我认识到，既然是公司，那么上意下达也好、形式和规则也好，都必须明确。而且我还意识到，当初采用分公司的形式本身也是不对的。

今后究竟怎样来提高B公司员工的思想觉悟？另外，分公司的形式该如何展开？希望予以指导。

我自己是这样考虑的：如果 B 公司销售额不提升、不能盈利的话，采用分公司的方式就失去了意义。今后除了全力以赴让 B 公司扭亏为盈之外，别无他法。另外，我自己也要把工作时间更多地放到 B 公司来，亲自开展营销活动，通过自上而下的方式，营造按正常规章制度办事的公司风气。

把全体员工召集起来讲话，这是我常做的，但与员工一对一的交谈就很少。今后，同员工的对话要增加。我想做的事情，我想达到的目标，有关想法必须坦诚地与员工讲清楚。创业时经常举办的恳亲会现在几乎不搞了，今后要恢复起来。我希望通过这些措施，来加强与员工之间的交流。

• 回答 •

不是拆分公司而是独立核算

以制造部门为核心，划分营销部门

在提问的同时，你已经谈了自己思考的解决办法。我认为，按照你现在的想法去做就行了。A公司很明智，经营得不错。投资了设备，具备优秀的员工，而且充满自信，我认为这是非常好的。后来，你觉得大量消费地区的市场很重要，所以建立了分公司，即B公司。但如果是我的话，首先，我不会设立B公司这样一个分公司。

你说，想把B公司办成一家理想的公司。所谓理想的公司就是："不为形式、规则等框框所限制，充满自由的气氛，每个人都能自由自在、从容不迫地工作。"为什么你的想法会出现这样的飞跃，我不太清楚。可能你认为在大量消费的地区开展营销活动，比起严格按照规则办事的A公司的公司氛围，B公司轻松自由的工作氛围更好吧。现在你说这是错误的，我认为，你现在的想法是对的。

答案你自己也已经想到了："上意下达也好、形式和规则也好，都必须明确。从现在来看，在自由的气氛中，从容不迫地工作，乃至当初采用分公司的形式本身也是不对的。"你说了这些话，这也是对的。

虽说要在大量消费地区建立前线基地，但 A 公司的制造部门必须做出利润。因此应该将制造部门作为核心，在它下面设立"营销 A""营销 B"，就是将营销部门分割。如果业务还要扩张，可以再分出"营销 C""营销 D"。

而且营销部门不只是获取订单，还要做设计工作。我认为，不仅 B 公司，而且 A 公司的营销部门都应该能做设计。这样的话，A 公司就能做全流程的业务。

具备优秀的制造部门，在大量消费区设置营业所，用数码方式进行设计，再传送数据，就能立即进行印刷。出货配送只要拜托运输公司就行。今后，只要具备设计能力的营业所不断增加就可以了。还有 B 公司也应改为 B 营业所。把你亲自培养的、踏实可靠的人派去当负责人，企业就会有飞跃性的发展。

定价即经营

问题是营销部门取得订单、完成设计、交给制造部门，应该拿多少佣金为妥。现在是大锅饭、笼统账，销售、制造合在一起算账。因为这么做不好，要能看到营销部门单独的核算情况，所以你才决定另外设立分公司。

但是，此时没有必要另外设立公司，只需考虑能看清楚营销部门的核算情况就可以了，换句话说，只要考虑给营销部门多少佣金就行了。

我开始经营京瓷的时候，情况也是这样。精密陶瓷零件是按订单生产，这同印刷一样。由营销部门取得订单然后由制造部门生产，而不是按市场预测，制造部门生产后放进仓库，然后再推销。全部是订单生产。

这里要涉及阿米巴经营的原点了，那时候，我们在100%的销售额之中，拿出10%作为销售佣金，剩下的

90%归制造部门。为什么销售佣金是10%呢？听说从前请商社携带各种货物，手续费是3%。但是，那仅仅是"过路佣金"。营销部门要去客户处获取订单，考虑10%比较合适。

营销部门的交通费、人工费等所有的费用，都在这10%中支出。但是，因为10%的佣金旱涝保收，所以营销部门以低价获取订单、继而同制造部门发生纠纷的情况，经常会出现。对于制造部门来说，如果价格太低，即使拿90%仍然会亏损，所以营销部门获取订单时，不能自己随意决定价格，一定要事先同制造部门谈妥。

价格合理不合理、账算得过来算不过来，在销售和制造充分协商的基础上，最终由企业领导判断决定。定价很重要，真所谓"定价即经营"。

这样做的话，营销部门靠这10%就能正常运行，也就没必要去搞什么分公司了。只要靠10%就能独立核算、正常运转，那么，部门的扩展也就变得很容易了。

调动员工积极性的
七个关键

强调自由潇洒，就会失去凝聚力

　　马上就要谈到结论。制造部门需要上意下达通畅的组织和纪律，光靠自由潇洒，机械设备不会自行运转。从这个角度讲，你建立了一个非常坚实的公司。

　　反过来讲，数码化的商业印刷，需要有想象力的设计师。在这种领域，A公司那样的制造业的形象不太合适，所以你产生了要"自由潇洒、从容不迫"的想法。

　　因为想营造这样的氛围，你身为经营者，对B公司却小心翼翼、另眼相看。那里的负责人甚至社长要来谈话也说没空，因为他要忙于外出营销。碰到这种情况，你内心一定会非常矛盾。"这个负责人很优秀，连同我谈话的时间也那么珍惜，时间都用在拼命获取订单上了"。在感觉到某种满足的同时，你又会埋怨："怎么连同我见面谈话的时间都没有了呢？不免让人寂寞。"

在这种情况下，公司的方针无法传达。研修也是自由参加，A公司有良好的组织传统，所以全员参加，而B公司有时甚至一个人也不参加。容忍这种状况的存在，本身就是问题。

由此看来，虽然不能说员工在反抗公司，但人心已经叛离，凝聚力已经丧失。现在该怎么办？你正在烦恼。因为是你制造了这个大家都不负责任的体制，所以你现在的反省是必要的。

全员参加的文体活动

我在经营京瓷的时候，做法正好与你完全相反。我认为，在经营企业的时候，无论如何都要让员工同我一条心。为了把员工的心凝聚在一起，我通过恳亲会等形式，拼命向员工们讲述我的想法，也就是京瓷哲学。人是什么？人生是什么？应该怎么度过人生？等等。我希望与员工们共有这样的思想哲学。

因为是中小企业，大家都忙得不可开交。跟B公

调动员工积极性的
七个关键

司的情况完全一样，上班时间内没空聚在一起。因此，只好在休息日，或夜里把大家召集起来。

在这种情况下，我就经常举办赏花一类的娱乐活动。奖金不多，加工资没条件，但至少在观赏樱花的季节举办活动，大家一起吃盒饭，喝一点酒，尽量让大家高兴快乐。

"这次我们去看花，把盒饭带去！"这么一说，那些意气相投的年轻人就会很兴奋，"这次社长带我们去，太开心了！"但是，那些比我年龄还大的、四五十岁的员工，因为有家庭，星期天还要与公司的年轻人一起活动，感觉没意思。"就是给一盒便宜的盒饭、给一点酒喝，那样的赏花还不如同家人一起去好呢！"他们认为没有必要参加这类活动，所以就不来。

但是，正是这些尽量想回避同经营者接近的员工，才是经营者最需要加以教育的人。在日常的工作中，谁愿意与经营者接近，谁不愿意接近，我们大概都明白。

B公司的负责人不愿接近你,我认为原因不仅仅是工作忙,还因为"社长讲什么哲学之类的话让人头痛。有空来听这些说教,还不去客户那里获取订单呢"。

为了招呼这些人,我曾经伤透了脑筋。比如开运动会,大家互相鼓励、振奋斗志,这同工作时完全一样。最初运动会是自由参加的,但我对不参加的人曾经大发雷霆。后来规定,运动会等活动不是自愿参加,而必须全员参加。

这实际上是很重要的事情。没能把全体员工团结在一起的企业,举办这种活动时,马上可以见分晓。一定会有一些人不出席,这时候,无论社长怎样大声疾呼都不奏效。所以,我规定,公司举办的各种活动、各种典礼必须全员参加。

这是把组织团结起来的经营的原点。背离这个原点,本来就是错的。企业经营,归根到底是充满泥土气息的、实实在在的东西,不能那样自由、那样从容潇洒、那样温良恭俭让。既然是你自己在经营企业，就必须利用各种形式，把你的思想哲学彻底地渗透到所有的员工中去，包括基层员工在内。这比什么都重要。

第 6 章

提升自己,贯彻正义

组织必须具备正确的理念,正确的理念是调动员工积极性的关键。理念必须利他,让员工的物质和精神两个方面都得到满足。贯彻理念,凝聚人心。

企业的经营理念

出于想尽情工作的愿望，独立干起了事业

我们公司是广告代理店，从事电视广告的推销、策划、制作等工作。

我和专务（董事）在公司成立之前，都在某电视台所属广告代理店做事。我属于营销部，专务属于制作部。营销和制作是所谓"两人三脚"，必须齐心协力才能做好工作。我和专务既是对手又是伙伴，我俩意气相投。

在泡沫经济达至顶点的时候，我们设计制作的广告获得了高度评价。我们每天都过得十分充实，但同时又慢慢感觉到了市场的局限。因为只是一个县电视台的专属广告代理店，市场太过狭窄，销售额也做不大。有的广告主希望在其他电视台也做广告，不能满足广告主的这种需求是最痛苦的事。与社长商谈，希望兼做其他电视台的业务，却遭到断然拒绝。理由是专属电视台与别的电视台存在竞争关系。

但我们无论如何都不想放弃。经过多次交涉、反复说明，但答案都是"NO"。"若要按自己的想法充分拓展，在现在这个公司是不可能的，只有走自己独立这一条路。"做出这个决断之后，我和专务带了一位部下，三人一起辞职，建立了自己的公司。

放任营销第一主义、利己主义是错误的

成立公司时正逢景气下降，同时，以前工作过的那家公司坚决同我们作对，使我们的处境十分艰难，每天都为生存、为扩大销售额而苦战恶斗。因为是刚刚操办的公司，银行不肯借钱。我们自己拿出来的那点资本金就是一切，如果用完了，公司也就完蛋了。

最初的报酬，是每月 30 000 日元。"什么时候我们才能满载而归呢？"我和专务都在心中期待。因盼望收入增加，按照专务的提议，我们的工资收入采用销售提成的方法。实行这个方案后的第二年，因为专务的

调动员工积极性的
七个关键

销售占第一位,他的报酬同我几乎一样。

这么一来,我和专务的关系有了争斗的味道。都想把自己所有的时间花费在提升自己的销售业绩上,经营者应发挥的作用,以及对公司整体的责任感,变得模糊起来。但是,随着员工人数的增加,除了增加销售额之外,广告插播份额的确保,同银行关于融资的交涉等,也成了重要工作。我告诉专务(董事)和常务(董事),"从今年起,我必须从营销现场后退一步,专注于经营",同时提出"从明年开始,经营班子的报酬制度要重新调整"。我的意见取得了专务的理解。

但是,在后来经营班子召开的会议上,按销售提成的报酬方式几乎没有任何改变。专务反而提出,他的报酬应该超过我。专务认为:"如果废除提成制度,就会降低大家的工作积极性。"

"专务的收入高于社长,无论说什么都不合逻辑,如果不接受我的意见,我就辞去社长职务!"我甚至表了这样的态。但专务却固执己见:"报酬和社长是两回事,没有必要从社长的位子上退下来。"

制定企业理念,成为物心两面都富裕的公司

把眼光仅仅局限于销售额这一看得见的要素上,而且,采用销售提成这一利己主义的报酬方式,把它看作高于一切。我对自己放任这样的做法感到后悔。然后,我不断思考,对于公司而言,真正重要的究竟是什么?最后,我找到了答案:企业经营需要理念。

说起来不好意思,我们公司没有理念。不仅如此,我甚至认为:"不管嘴上说得多么漂亮,赚不到钱一切无从谈起。盈利主义才是企业内心想说的真话。场面上讲的企业理念、企业文化不过是装饰品而已。"

但后来,我终于意识到这种想法是低层次的、十分浅薄的。不能只考虑提升员工的销售额,与此同时,在精神层面上,必须重视员工心性的培育,否则,只会造就人格偏执的人。所以,一定要制定心心相通的

调动员工积极性的
七个关键

理念，不管多么细小的工作，都要做得不亚于任何人，要成为这样的公司。同时要培养人格优秀、物心两面都富裕的员工。

现在我想，如果能够制定一个全体员工都能接受的、真正从内心认可的基本理念，该有多好啊！为此，我正在考虑号召全体员工，花费半年乃至一年的时间，制定永久性的企业理念。为什么要请员工提方案呢？因为公司成立还不久，现在的员工可能成为将来的干部。通过理念把将来的干部的心都凝聚在一起，就一定能把公司经营得更加出色。

那么，为了制定心心相通的企业理念，应该注意哪些方面？还有，事先与员工谈话的重点放在哪里？要求员工提出有关理念的方案，这种做法究竟好不好？在这些方面请予以指导。还有，在现在这个阶段，我与专务的关系已算稳定下来，今后在与专务的关系方面应该怎么考虑、怎么行动？也想请教。

> 回答
>
> 在制定理念之前,思考企业究竟是什么?

利己主义者建立的企业必定是利己主义的企业

你提出的问题是:如何制定新的企业理念?但是,根据你现在所处的情况,我认为,在制定理念之前,首先必须认真思考"所谓企业究竟是什么?"

企业是无生物,在那里原本没有生命和意识。只有当社长、专务、常务等人将包括自己的人格在内的思想和思考注入企业,原本是无生物的企业方才孕育了生命。所以,你在作为你个人的同时,还是向无生物的企业灌入生命和意识的人。作为"企业的社长",只有在把包括你的人格在内的一切注入企业的时候,企业才是活生生的。而当你只是你个人的时候,企业的生命和意识就停止了。

从这样的观点看来,实际上,你也好、专务也好,

调动员工积极性的
七个关键

都不过是"个人"而已。只是社长"个人"、专务"个人",而不是"企业的社长"、"企业的专务"。因此很可悲,你的企业只是名义上存在的企业。你和专务都是利己主义的人。因为都是利己主义者,所以你的企业即使在登记上、在组织上存在,作为企业的生命和意识其实并不存在。

以前,因为是一个县的电视台的专属广告代理店,这就决定了订单的地盘,你说你感觉到了这个地盘的局限性。比如是A这个电视台的专属代理店,因为客人提出想要到B电视台也做商业广告,因此你几次向社长提出别的电视台的广告也想做。理所当然,回答一定是"NO"。因而你认定在这个社长领导下工作已没有意义,所以就辞职了。

但是,从这里开始,已经产生了问题。既然是专属代理店,却要做竞争对手的、别的电视台的生意,这必然给原电视台带来损害。然而你却只考虑自己的立场,根本没考虑你在职的公司社长的立场,也没有考虑你所属的、给予订单的电视台的立场。只是一味地考虑自己的工作要做得更多、做得更大。

我认为，如果你有体谅对方的想法，就不会接受客人不合适的要求。身为专属广告代理店，又想做同行业其他企业的生意，毫无疑问社长不可能同意。因为是不考虑对方立场的人所建立的企业，所以企业也只能是只考虑自己利益的企业。

社长是企业的辩护人

那么企业是什么呢？企业是这样一个地方，包括社长在内的全体员工，都要把它作为母体，都必须靠它吃饭。企业不健康，在那里工作的人就不可能幸福。所以企业先得有利润，而且这个利润必须作为内部留存放在企业里。当萧条降临时，企业才能岿然不动。

你的企业出售商业广告，所以要制作广告。我想，有接受客户委托做的广告，也有自己策划的广告。当然有制作费用和成本，销售额减去费用成本就是毛利。

产生毛利后,首先要考虑的是维持企业生存所需要的资金,而不是"社长呀什么人"该得的份额。一般员工的月工资是事前决定的,从毛利中首先扣除人工费,然后再扣除维持企业正常运行所必需的资金,剩下的部分才能充作社长、专务的工资。

如果企业有意志的话,它会说:"光这一点利润,企业将难以为继。企业必须支付利息,还要考虑到将来的各种事情,企业需要资金,所以请多留一点给我。"但是,企业是无生物,它不会说话。社长必须代替它说话。社长只考虑自己的事情,社长与专务争论自己的报酬,这太不像话了。当你们吵架的时候,企业就不成其企业了。

守护企业的人非你莫属

所以,是你思考的顺序颠倒了。因为一开始就是"钱啊钱的",所以才会有这种局面。"我为企业赚了这么多,所以其中一大半归我也不为过",在这种氛围中,没有人会为企业着想。

如果你不改变现在的想法,你应该辞去社长职务,另去别的公司就职。光凭才能、能力就能做的工作,比如汽车推销员,只要车比别人卖得多,按照销售提成制度,收入就很高。企业的事情根本不需考虑,一门心思,只管卖车,干劲十足,那么卖得越多提成越多,你应该去干这一类工作。

但是,要经营企业的话,这种思维方式是行不通的。如果同专务说不通,专务理解不了,那么,就把专务当做一个虚名,把他作为营销专家,按销售提成付他报酬也行。只把他当作一个优秀推销员就可以了。

"专务工资比自己高,这是个问题",这是你的看法。但他能为公司赚钱,付他相应的报酬也是应该的。京瓷美国公司的社长,因为是当地人,他的工资远比我高。那是根据美国的行情,与日本的行情不一样。社长的工资没有必要非得高于专务。因为思考的出发点只是自己的欲望,所以专务工资高于社长就无

调动员工积极性的
七个关键

法忍受。

　　但是公司必须有利润留存,所以工资比例要做若干调整。工作效益好的人,要付给相应的报酬,这当然不错。但如果因为专务的收入过高,公司没了留存,那就要调整工资比例。现在这种情况,等于没有任何人在考虑公司的事情。

　　按理讲,公司的一切都是股东的。你和专务不都持有股份吗?即使不拿工资,因为公司的内部留存都属于股东,所以应该把公司当回事,应该更加重视公司才对。去争论"专务的工资该不该比社长高"这样的问题,正题就谈不下去了。抱光明正大的态度,讨论怎么把自己安身立命的基地——企业搞好,这才是正道。

　　如果这个问题不澄清,在原则上搞妥协,日后公司必将破产。抱利己主义人生观的人不应该当社长、专务。如果观念不改变,我认为应该解散公司重新出发。这么讲,似乎不近人情。但如果想推倒重来,应该找得到取代专务的有能耐的人。

企业理念应由社长制定

现在你想要变革,同创业当初的你告别。但在我看来,你现在的思维仍然混乱。为什么这么说?因为你还以为社长工资高于专务是天经地义。

没有这样的定论。社长在使用能人的时候,应该有度量容忍别人工资高于自己。你曾说:"说起来不好意思,我们公司没有理念。""企业的真心是盈利主义、是赚钱,企业理念、企业文化不过是装饰品而已。"正因为你以这种眼光观察事物,所以作为你内心的外在投影,就出现了专务的行为。酷似你内心的东西,在眼前呈现出来了。

与此同时,你又觉得"这样下去可不行",所以想制定理念,而且你说:"制定理念就要制定大家都能接受、都能产生共鸣的、永久性的理念。为此,准备花费半年乃至一年的时间,慢慢来制定。"但是,所谓

调动员工积极性的
七个关键

理念,不能那么搞,理念不是靠员工制定的,理念是社长持有的哲学,当然由社长自己制定。

比如,让大家一起制定理念时,如果按你刚才说的,"我们公司,首先得追求利润,赚来的钱,按比例提成"。那么,这就可能成为理念。而这种理念是不行的。

你自己的人格不提升的话,公司的品格也无从提升。换句话说,社长的器量决定了公司的状况。因此,首先你自己要学习,要由你自己来制定有利于企业发展的理念,然后向员工揭示这个理念,让员工理解这个理念,从而把它作为自己的理念贯彻实行。应该是这样的作业程序。为此,必须想明白企业是什么?必须从明确企业的定位开始。

我说了不客气的话,但这种情况确实存在。你很坦诚,谈问题毫无保留。我想抱有同你一样烦恼的人还有很多。希望参考我刚才所说的意见,加油努力。

与对手竞争时，如何贯彻理念

竞争对手搞低价倾销该怎么办

我公司的事业是从照片显影时排出的废液中提取银，将银回收，然后再返卖给胶卷厂家。我大学毕业后，在某电力公司的分公司工作了三年半，然后回到现在的公司，担任总务部长，现在担任销售部长。本公司由父亲创建，父亲现在担任会长。

中小企业世袭式的交接班，从某种意义上讲也是无可奈何的事。作为会长的儿子，我到底有没有能力和度量，来保障员工及其家族的生活？是否具备与员工共有的梦想和希望？每当我自问自答的时候，就会惶恐不安，几乎每天都这样。但是我觉得，首先，我必须成为值得员工信任的人，为此，就必须具备相应的度量和信念。

本公司的主力产品是银，但银的行情不好，持续低迷。另外因为担心污染环境，含银废液从需要花钱买的有价物，变成了需要花钱处理的废弃物。本公司的性质也转入了产业废弃物处理的行业。

但是，随着照相事业迅速数字化，待处理的银的量和废液的量都不断减少。在这种情况下，想要谋求经营的稳定和业绩的提升，就必须以废弃物处理或再利用技术为中心，开展与环境相关的事业。现在各种计划和事业正在开展之中。现在，正在做的再利用事业中，一大半的情况是：为了再生出100的能源或资源，却要花费超过100的能源和资源。这似乎与环境保护的思维相矛盾。在法定的最低限度的处理和回收再利用中，我们坚持把保护环境放在第一位，我确信，从长期来看，这种做法对客户也是有利的。

另一方面，同照相相关的废弃物，在激烈的顾客争夺战和低价倾销战中，一部分没有良心的废物处理者搞非法投弃和不当处理，以降低成本和价格。在经济萧条中，为了削减经费，一些排污企业把废弃物交给那些不法处理者。他们这么做，虽然目前还没有影响到我公司的销售额,但这数年来,公司的利润被挤压得很厉害。如果放置不管,因对手低价倾销争夺客户,我们的业绩还会降低。

痛感贯彻信念有多难

作为我来说,不会只顾眼前利益、只看销售额,我会坚持以适当价格,抱着诚心诚意为客户服务的态度,求得客户的理解。我认为,除此之外别无他法。最近,我甚至觉得像我们这样奉行利他主义的企业,在行业中已经不复存在。

在现场有一种气氛,员工们描述那些违法竞争者的恶劣行为,提出要揭露他们,向政府和警察报告。部下对我说:"当我们讲利他的漂亮话时,生意都会让他们抢走的。"我回答道:"绝对不能有卑怯的举止!只要我们坚持走正道,最后必有好报。"但我一边这么说,一边又担心:"如果正如部下所言,那该如何是好?企业垮了,我负得起这个责任吗?那些恶劣的竞争对手先垮掉就好了。"我感觉到有另一个自己存在,他正在生气呢。

　　这种矛盾心理,是否说明我并不具备真正意义上的信念,因而不能按信念采取行动呢?在这种情况下,应该如何对待竞争对手?另外,应该怎么给员工作解释、获得大家的理解呢?请给予指导。

・回答・

贯彻正道,取得客户的理解

　　这是一个非常困难的问题,我甚至不知道该怎么回答。

　　为了不让废弃物污染环境,你们采取措施做适当处理,但竞争对手却以通常难以想象的低价格抢夺订单。坐着不动就会败给对手;如果用同样价格取得订单,就会亏本,就会削弱自己的企业。那么,不去争夺订单行不行呢?没有订单企业就会垮掉。同时,与员工之间也会发生意见对立。

我认为，处在如此激烈的竞争环境中的企业经营者，无论是零售业或别的行业，恐怕都为数不少吧。因为存在缺乏常识的竞争对手，行业的正常规则遭到破坏，让很多人困惑不安。在当今严酷的环境中，大家在以血洗血的炽烈竞争中求生存。但是认真思考人生和经营，又觉得自己不能像竞争对手一样，昧着良心胡作非为。但是又要生存下去，夹在这两难的缝隙中烦恼不已。

在自然界，即使放任不管，杂草也会冒出嫩芽、拼命生长。道路两旁杂草丛生，甚至到了不割不行的程度。哪怕观察路边的一株杂草，也会看到它在生存竞争中拼死生长的样子。如果自身的叶子被其他杂草覆盖，阳光被遮挡，不能进行光合作用，自己就会枯死。所以，为了获取阳光，杂草竞相生长，自己就要长得比别的杂草更高，借以更早接受阳光的恩惠。在自然界，大家都在拼命求生存。

在商业世界里，也存在生存竞争，必须拼命求生存。但是正如你所说,在竞争中,我们不可有卑怯的举止和不正当的行为,必须坚持以正确的方式把正确的事情贯彻到底。

你的企业花数千日元到数万日元的金额处理的废弃物,别的同行业者提出了不可思议的低价格。但是照片显影用的废液,经适当处理,回收的银,加上处理成本后,卖给客户。"无论怎么节约,至少要花这么多成本,这个成本费用请支付。"除了诚心诚意向客户作说明,并获取理解之外,别无他法。

"如果价格比这还低,必然导致偷工减料等不正当行为,因而破坏地球环境。决不能那样做。进行正规处理,保护地球环境,最低也得花这么多费用,务请你们理解我们的立场,考虑我们的意见。价格或许比同行业高一点,但请你们务必给我们下单。"

就要这么拼命去说服客户。过去获取订单就是营销,但在现今局面下,怎么说服客户?自己要将正确的事情以正确的方式贯彻到底这一信念,怎样才能获得客户理解？这变成了营销的责任。

"你说得对！你的苦心我理解了，也很佩服。所以你们的价格虽然高一点，我还是要把订单发给你们。"客人要这么说，并给你们发单。说服工作必须做到这一步。

矫正错误的行为不是卑怯

现场的营销人员看到竞争对手处理废弃物时偷工减料，然后低价倾销，很是气愤。为了打击他们的不法行为，提出要向警察和政府匿名举报。但你却说："我们不能做背后告密那种卑怯的事，我们要走正道。"

但是，我认为，那不是卑怯的行为。或许你认为匿名举报是卑劣的举止。但如果非法投弃废物是事实的话，那么举报就不是出于对竞争对手的嫉妒或憎恨，而是"为了守护美丽的地球。像他们那样胡作非为，决不允许"。从大局的观点来看，匿名举报绝不是卑怯的举止。

调动员工积极性的
七个关键

正因为有违法乱纪的人存在,行业才会混乱。彼此在贯彻正道的同时,展开正当的竞争。这是非常重要的。但并不是所有的人都按规则办事。对那些厚颜无耻干坏事的人,按现场营销员的意见去做,绝不是坏事。

但是为了获得客户的理解,"在和同行竞争的时候,不管遇到什么困难都要咬牙挺住",这种决不妥协、决不放弃的态度最为重要。为了让客户理解接受合适的价格,不能灰心,必须坚韧不拔,说服客户。这不是单靠说漂亮话所能解决的问题,必须比任何同行更有韧性,更有耐心,必须拼命地持续地挑战。

我认为,人生中最重要的事情是拥有一颗利他之心,就是关爱对方的善良之心。但是,所谓善良的关爱之心,并不是单纯的善良。这里面还需要坚强,在根底里是包含着坚强的大爱和大善。没有这种爱和善,人生就没有价值。

我认为,无论哪个行业都存在激烈的竞争。在这种环境中，我们必须咬紧牙关，拼命求生存。状况或许严峻，希望大家努力奋斗。

如何确立领导者的伦理观

经营者需要具备的思维方式和道德风险

稻盛先生经常讲的"才能是人格的仆人"这句话对我触动很大。

第一个问题：我想，迄今为止，你对京瓷和KDDI的员工们进行了各种各样的教育。但是，自己本人究竟该怎么做，才能掌握正确的思维方式，并向周围的人传播？请你谈谈这方面的经验。

第二个问题：关于经营者的道德风险。听说在美国，高报酬和股票期权会引发经营者的道德风险。与此相反，在日本，低报酬会招致经营者的道德风险。关于这一点应该怎么看？（来自大和经营研究所）

调动员工积极性的
七个关键

• 回答 •
为员工拼命工作，提升自己

为恩人和员工而努力

　　我的父亲经营印刷业。第二次世界大战后，因为鹿儿岛成了一片废墟，父亲失去了做事业的干劲。父亲非常忌讳向别人借钱，这一点我记忆特别深刻。在创建京瓷时，我们曾向人借过1 000万日元充作流动资金。那人是以自家的土地房屋做担保，从银行借钱的。

　　"稻盛君，你是一个非常杰出的青年。为了帮助你，我借了1 000万日元。但是，企业经营是非常困难的事情，制造业更困难，在制造业中，你又想做这个世界上没有的新型精密陶瓷，因此有可能失败。如果你失败了，我们家的土地房产就会被银行拿走。但是，我想在你身上赌一赌。"

　　他这么说了，他出资的1 000万日元用在了设备投资上。他的话让我脊背发凉。无论如何都要把这笔借款还上，决不能给这样的好心人造成损失，我心里这么想，拼命投入工作。

还有，京瓷从28名员工开始。当然，必须给这28人发工资。在这以前，作为工薪阶层，我从就职的企业那里领取工资，而现在变成了支付的一方。那么，我真的有能力支付工资吗？我总是担心不安。而且，这工资不仅是第一年，而必须是每年都要支付下去的。

不能给出资人带来困惑，必须持续向员工们支付工资。压力之重，对我来说，简直难以承受。为此，我早出晚归，拼命工作。晚饭，过了50岁以后仍然要到夜里10～11点才吃，零点才回家吃晚饭，也一点不稀奇。

所以，我从来也没有想过经营京瓷、KDDI是为了我自己。"必须守护企业"——就这一点，让我奋斗至今。我想，也就是这个原因，才让企业茁壮成长。

调动员工积极性的
七个关键

如何凝聚人心

在企业经营中,经营者的人格非常重要。为人处世极度的认真诚恳,有一颗为员工、为社会、为世人尽力的美好的心灵,这是非常必要的。雷蒙特·奇特拉的小说中,有一位侦探说了这么一句话:"男子汉不坚强就难以生存,但男子汉无爱心就没有生存的资格。"他说得真好。

因此,首先,必须具备在任何粗野无礼的人面前都毫不示弱的那种斗魂。我在大学时代曾经练过空手道,后来我曾对京瓷的干部说过:"你们也应该练练空手道,我们需要胆力,哪怕有寻衅挑事的小混混来也毫不畏惧。"

同时,在企业经营中最为重要的是人心,如何凝聚人心,这件事我做了一辈子。为了聚拢人心,我不厌其烦地与员工们交谈。经常把他们带到小酒馆,一边喝酒一边诉说:"我是这么想的,我要以这样的人生态度去度过自己的人生。你们赞同吗?你们也能抱同我一样的态度和人生观吗?"

要把大家的心归结到一起,必须受到部下的信赖和尊敬。为此,重要的是塑造自己的人格。专业知识当然需要,但我觉得还需要阅读能够提升心性的哲学和宗教方面的书。在我的卧室里,摆满了这一类书籍,因堆得太高,有时会倾倒,以致半夜把我惊醒。直到现在,只要有时间,我会钻在被窝里读书,这已成了我的习惯。

只靠自己的力量就能增加利润,这是错觉

关于你提的第二个问题,你说日本与美国相反,低报酬会招致经营者的道德风险。但我认为不是这样。

现在日本经济界的许多人士,看到了美国的报酬体系后很羡慕,也想向美国那一套靠拢。但是,我认为,大幅度提升经营者的报酬,把经营者与员工之间的差距拉得太大,这绝不是好事。

正因为限制了这种差距的扩大,日本才发展到了今

> 调动员工积极性的
> **七个关键**

天这个地步。看到美国的情况,有人就感叹:"美国经营者工资真高啊!与之相比,日本社长的工资太低了,所以应该提高。"我认为这种想法愚不可及。

我与京瓷在美国的子公司的社长曾有过一次交锋:

"今年我们公司做出了100亿日元的利润,去年是50亿日元。是我把利润翻了一番,增加了50亿,所以请将增加部分的10%,作为报酬奖给我。"这位社长向我提出了这样的要求。

"你说得不对!这钱不是你赚的,是大家共同赚的。"

这位社长认为,企业利润的增加,靠的是他指挥有方。

另外,在美国刚建厂的时候,我们聘用了一位工场长,他曾在别的公司当过工场长。他头脑聪明,十分优秀,但前五年工厂一直亏本。

我去那个工厂时,总喜欢到现场,与工人们一起工作。那位工场长感到很奇怪,跑过来对我说:"社长来到现场,与工人在一张桌子上一起工作。这太不像话了！我们为你准备好了房间。你在那房里摆出老板的派头，有事把我们叫进来就行了。你与工人在一起干活，那还有什么总公司社长的权威！工人们决不会尊敬像你这样的社长。美国和日本可不一样啊！"

"那也没关系！员工们看到我在现场认真工作的样子，肃然起敬。我想创建的是这样的公司。"

我严厉批评他。通过努力，这个企业五年后才扭亏为盈。

喜悦来源于信赖，信赖胜过金钱

还有这么一件事。

一天中午，我带工场长去一家餐厅吃饭，我说："靠大家共同努力，企业有了起色。我想给每个人发一个月的奖金。你看好不好？"

"你怎么会提出这种馊主意！"工场长的话脱口而出。

"你说要给员工们发一个月的临时奖金。如果真发了，他们会一两个星期不上班，拿到特别奖金，喜出

调动员工积极性的
七个关键

望外,他们会带着家人外出游玩。所以这个奖金万不可发。社长说发奖金是为了向员工表示感谢,但我觉得,这笔奖金的80%应该发给我,因为是我的努力才使公司获得了利润。"

听他一番话,我不由得怒火中烧。

"你胡说些什么呢。像你这样的人,我连一分钱也不想给。你心里只有你自己,谈工作上的事你也只顾维护你自己。"

"不!不是这样。我认为我一直在努力考虑员工的事。"

"但是,你看!今天我有要紧的事与你商量,把你带来餐厅吃饭。菜肴一上桌,你就只顾自己一个人拼命吃。我还没动筷子呢,正在跟你认真说话,希望你能明白我的意思。但你却独自大吃大嚼。光看这一点,就能看出你是一个多么以自我为中心、我行我素的人。自己的利益优先,把员工放在后边,作为工场长,你已不值得信任。你就辞职吧!"

最后我把他解雇了。

对于高额的报酬，我是这么想的：年薪五亿日元、十亿日元，这么多钱，到手也用不完啊。要那么多用不完的钱，究竟想干什么呢？

谋取巨额报酬，以显示自己多么了不起，这是动机不纯。关心员工的生活，让包括他们家庭在内的人都幸福。从这过程中获得的喜悦，绝不是金钱和物质所能替代的。

不要太计较自己报酬的高低，要养活员工及其家庭，这是经营者的本分和义务，对社会来说也具有重要的意义。

盛和塾

稻盛和夫经营研究中心（"盛和塾"）是企业经营者学习、亲身实践稻盛和夫的人生哲学、经营哲学与实学、企业家精神之真髓的平台。塾生通过相互切磋、交流，达到事业隆盛与人德和合，成为经济界的中流砥柱、国际社会公认的模范企业家。

1983年，京都的年轻企业家们向稻盛先生提出了一个愿望——"给我们讲解应该如何开展企业经营"。以此为契机，由25名经营者组成的学习会启动了。至2019年底，全世界"盛和塾"已发展到104个分塾，除日本外，美国、巴西、中国、韩国相继成立了分塾。

2007年，曹岫云先生率先发起成立中国大陆地区第一家盛和塾——无锡盛和塾，并任首任会长。

2010年，稻盛先生亲自提议成立稻盛和夫（北京）管理顾问有限公司（以下简称"北京公司"），作为总部负责中国盛和塾的运营。

北京公司成立之初，稻盛先生即决定在中国召开塾长例会，即稻盛和夫经营哲学报告会，后更名为盛和塾企业经营报告会。2010年至今，13届盛和塾企业经营报告会先后举办。盛和塾企业经营报告会已成为一年一度企业经营者学习、交流稻盛经营学的盛会。

2019年底，稻盛先生宣布关闭世界范围内的盛和塾，仅保留中国的盛和塾继续运营。2020年11月14～15日，盛和塾第13届企业经营报告会在郑州举办，稻盛经营学研究者、实践者做现场发表，3000余名企业经营者现场参加了会议。

盛和塾成立30多年来，不仅会员人数不断增加，学习质量也不断提高,其中有100多位塾生,他们的企业已先后上市。这么多的企业家,在这么长的时间内,追随稻盛和夫这个人,把他作为自己经营和人生的楷模,这一现象,古今中外,十分罕见。

盛和塾的使命:帮助企业家提高心性、拓展经营,实现员工物质与精神两方面的幸福,助力中华民族伟大复兴,促进人类社会进步发展。

盛和塾的愿景:让幸福企业遍华夏。

盛和塾的价值观:努力、谦虚、反省、感恩、利他、乐观。

盛和塾公众号

盛和塾官方网站

稻盛和夫线上课堂

最新版

"日本经营之圣"稻盛和夫经营学系列

任正非、张瑞敏、孙正义、俞敏洪、陈春花、杨国安 联袂推荐

序号	书号	书名	作者
1	978-7-111-63557-4	干法	[日]稻盛和夫
2	978-7-111-59009-5	干法(口袋版)	[日]稻盛和夫
3	978-7-111-59953-1	干法(图解版)	[日]稻盛和夫
4	978-7-111-49824-7	干法(精装)	[日]稻盛和夫
5	978-7-111-47025-0	领导者的资质	[日]稻盛和夫
6	978-7-111-63438-6	领导者的资质(口袋版)	[日]稻盛和夫
7	978-7-111-50219-7	阿米巴经营(实战篇)	[日]森田直行
8	978-7-111-48914-6	调动员工积极性的七个关键	[日]稻盛和夫
9	978-7-111-54638-2	敬天爱人:从零开始的挑战	[日]稻盛和夫
10	978-7-111-54296-4	匠人匠心:愚直的坚持	[日]稻盛和夫 山中伸弥
11	978-7-111-57212-1	稻盛和夫谈经营:创造高收益与商业拓展	[日]稻盛和夫
12	978-7-111-57213-8	稻盛和夫谈经营:人才培养与企业传承	[日]稻盛和夫
13	978-7-111-59093-4	稻盛和夫经营学	[日]稻盛和夫
14	978-7-111-63157-6	稻盛和夫经营学(口袋版)	[日]稻盛和夫
15	978-7-111-59636-3	稻盛和夫哲学精要	[日]稻盛和夫
16	978-7-111-59303-4	稻盛哲学为什么激励人:擅用脑科学,带出好团队	[日]岩崎一郎
17	978-7-111-51021-5	拯救人类的哲学	[日]稻盛和夫 梅原猛
18	978-7-111-64261-9	六项精进实践	[日]村田忠嗣
19	978-7-111-61685-6	经营十二条实践	[日]村田忠嗣
20	978-7-111-67962-2	会计七原则实践	[日]村田忠嗣
21	978-7-111-66654-7	信任员工:用爱经营,构筑信赖的伙伴关系	[日]宫田博文
22	978-7-111-63999-2	与万物共生:低碳社会的发展观	[日]稻盛和夫
23	978-7-111-66076-7	与自然和谐:低碳社会的环境观	[日]稻盛和夫
24	978-7-111-70571-0	稻盛和夫如是说	[日]稻盛和夫
25	978-7-111-71820-8	哲学之刀:稻盛和夫笔下的"新日本 新经营"	[日]稻盛和夫

"日本经营之圣"稻盛和夫经营实录
(共6卷)

跨越世纪的演讲实录,见证经营之圣的成功之路

书号	书名	作者
978-7-111-57079-0	赌在技术开发上	[日]稻盛和夫
978-7-111-57016-5	利他的经营哲学	[日]稻盛和夫
978-7-111-57081-3	企业成长战略	[日]稻盛和夫
978-7-111-59325-6	卓越企业的经营手法	[日]稻盛和夫
978-7-111-59184-9	企业家精神	[日]稻盛和夫
978-7-111-59238-9	企业经营的真谛	[日]稻盛和夫